# Droit constitutionnel et pouvoir exécutif en RDC

*1$^{re}$ et 3$^{e}$ Républiques*

**Études africaines**

*Collection dirigée par Denis Pryen et François Manga Akoa*

Dernières parutions

Alphonse NKOUKA-TSULUBI, *50 ans de politique extérieure du Congo-Brazzaville*, 2012.
Dingamtoudji MAIKOUBOU, *Les noms de personnes chez les Ngwabayes du Tchad*, 2012
Abderrahmane NGAÏDÉ, *L'esclave, le colon et le marabout. Le royaume peul du* Fuladu *de 1867 à 1936*, 2012.
Casimir Alain NDHONG MBA, *Sur la piste des Fang. Racines, us et coutumes*, 2012.
Boubakari GANSONRE, *Archives d'Afrique et communication pour le développement*, 2012.
Angelo INZOLI, *Le développement économique du Burundi et ses acteurs, xixe-xxe siècle*, 2012.
Djibril DIOP, *Les régions à l'épreuve de la régionalisation au Sénégal. État des lieux et perspectives*, 2012
Vitaly TCHIRKOV, *La Guinée face au handicap. La problématique des déficiences motrices à Conakry*, 2012
Mohamed Lamine MANGA, *La Casamance dans l'histoire contemporaine du Sénégal*, 2012.
Roda N'NO et Alice ATERIANUS-OWANGA, *Akamayong-Nkemeyong. Recueil de textes de rap en langue fang nzaman*, 2012.
Théodore Nicoué GAYIBOR (dir.), *Cinquante ans d'indépendance en Afrique subsaharienne et au Togo*, 2012.
Christian Thierry MANGA, *Le Sénégal, quelles évolutions territoriales ?*, 2012.
N'deye Maty Sene, Le *commerce des produits maritimes et fluviaux au Sénégal de 1945 à nos jours*, 2012.
Tiéman DIARRA, *Santé, maladie et recours aux soins à Bankoni, Niarela et Bozola (Mali). Les six esclaves du corps*, 2012.
Tiéman DIARRA, *Paludisme, cultures et communautés. Le cri du hibou*, 2012.
André SAURA, *1975, une année sans pareille à Madagascar*, 2012.

Alphonse Makengo Nkutu

# Droit constitutionnel et pouvoir exécutif en RDC

*1re et 3e Républiques*

L'Harmattan

**5-7, rue de l'Ecole-Polytechnique, 75005 Paris**

http://www.librairieharmattan.com
diffusion.harmattan@wanadoo.fr
harmattan1@wanadoo.fr

ISBN : 978-2-336-00817-2
EAN : 9782336008172

# AVANT-PROPOS

Cet ouvrage passe en revue la théorie générale du droit constitutionnel et l'analyse des pouvoirs exécutifs sous la 1re République et la 3e République en RDC. Cet ouvrage s'adresse aux étudiants en droit, relations internationales, sociologie ainsi qu'à ceux de sciences administratives et politiques.

Quant à la méthode, elle se fonde sur l'analyse des ouvrages à caractère général écrits par les autres et de différents textes constitutionnels sur la République démocratique du Congo déjà existants.

**Pensée instructive pour les futurs responsables politiques**

Le droit constitutionnel est l'insigne vertu de servir de référence au juriste et au citoyen. L'alliance de l'État de droit et de la démocratie résume son ambition et fonde sa réputation car la loi n'exprime la volonté générale que dans le respect de la constitution (Conseil constitutionnel français, décision du 23 août 1985).

# INTRODUCTION

Progressivement, les sociétés humaines se sont dotées d'un ensemble de règles admises par tous, relatives à la dévolution et à l'exercice du pouvoir politique. En premier lieu coutumières et rudimentaires, ces règles ont rapidement nécessité la mise en place de structures chargées de les mettre en œuvre (mouvement d'institutionnalisation). Elles ont ensuite été « sacralisées » dans des constitutions. L'encadrement juridique des règles d'acquisition et d'exercice du pouvoir, des rapports entre les institutions ainsi que des rapports entre les institutions ainsi que des droits et libertés des citoyens, a donné naissance au droit constitutionnel.

Le droit constitutionnel ou droit politique est à la base de toutes les autres branches du droit et la connaissance des institutions publiques. Il est utile et très important à la compréhension des mécanismes juridiques qu'ils soient de droit public ou de droit privé. Il est en quelque sorte la voie par laquelle les rapports politiques sont mis en forme juridique ; il est l'interprétation juridique du pouvoir politique.

La "théorie générale du droit constitutionnel" s'intéresse à de grandes notions: l'État, la constitution, la démocratie, la théorie de la séparation des pouvoirs, le régime présidentiel, le régime parlementaire, les régimes de confusion des pouvoirs, les régimes mixtes.

Avant de définir le droit constitutionnel, il est indispensable de passer en revue le terme "droit". Ce dernier revêt deux explications:

- l'ensemble des règles qui régissent la vie des individus ou des hommes en société.
- la faculté de faire un acte, d'user ou de disposer d'une chose ou d'exiger quelque chose de quelqu'un.

Le terme "droit" étant passé en revue, il convient donner une ou des définition (s) à l'expression" droit constitutionnel". Le droit constitutionnel est défini de manière classique comme l'ensemble des règles juridiques régissant l'exercice du pouvoir politique au sein de l'État. Autrement dit, il est un ensemble des règles juridiques relatives aux institutions grâce auxquelles l'autorité s'établit, se transmet ou s'exerce dans l'État (M.PRELOT).

L'épithète "constitutionnel" vient de ce que les règles fondamentales de ce droit sont contenues dans un document spécial: la constitution.

Si la définition du droit constitutionnel est connue, qu'est-ce que des institutions politiques ? D'après Guy HERMET, Bertrand BADIE, Pierre BIRNBAU et Philippe BRAUD dans "le dictionnaire de la Science Politique et des Institutions Politiques", édition Armand Colin, Paris, 2005, p.155, les institutions politiques par oppositions aux institutions administratives ou juridictionnelles, elles désignent classiquement les organes de l'État qui exercent des fonctions dites de souveraineté: élaborer les lois, assurer leur mise en œuvre, faire respecter l'ordre public. En réalité cette définition n'est pas totalement claire du fait des imprécisions qui encourent la notion même de souveraineté. Aujourd'hui le législateur, par exemple, est fréquemment soumis à des barrières juridiques qui procèdent du contrôle de constitutionnalité.

Un autre critère existe qui consiste à considérer comme institutions politiques celles qui procèdent directement de la compétition que se livrent les partis ou les hommes politiques devant les électeurs. Mais ce second critère peut lui aussi être approximatif : aux États-Unis les juges sont parfois élus ; à l'inverse un monarque constitutionnel demeure un organe politique de l'État s'il n'est pas réduit à un rôle de pure représentation.

L'imprécision relative de l'expression n'entrave en rien son usage courant. Il faut d'ailleurs aller plus loin et observer à quoi correspond, dans ce cas, la notion même institution. Pour être clair, les institutions politiques analysent le président de la République, le gouvernement, le parlement, l'élaboration des lois et les autres organes constitutionnels.

# PREMIÈRE PARTIE: LA THÉORIE GÉNÉRALE DU DROIT CONSTITUTIONNEL

La première partie de cet ouvrage permet d'offrir aux lecteurs de nouvelles connaissances sur la théorie générale du droit constitutionnel.

La première partie de cet ouvrage est divisée en trois chapitres:

- le premier chapitre passe en revue la théorie de l'État;
- le second chapitre analyse la constitution;
- le troisième chapitre développe le pouvoir politique.

# CHAPITRE I: L'État

Apparu au XVI$^{e}$ siècle, l'État moderne donne lieu à sa théorisation dans la pensée politique et juridique (conceptions absolutistes, libérales, socialistes et théocratiques de l'État).

L'État est formé de trois éléments physiques (territoire, population, souveraineté). En outre, l'État présente deux formes juridiques: l'État unitaire et l'État composé ou complexe (fédération et confédération).

## Section 1: Les diverses théories de l'État

**Quatre étapes sont à distinguer:**

### A- Les conceptions absolutistes et autoritaires

À partir du XVI$^{e}$ siècle, SAINT PAUL va dire que le pouvoir vient de Dieu (ici le pouvoir exercé ne dépend de rien, que rien ne limite, sans bornes). Mais un courant de pensée rejette en bloc cet axiome de SAINT PAUL. Ainsi, les auteurs calvinistes (leurs principes sont la croyance en l'absolue souveraineté de Dieu et la justification de l'existence par la foi; repose sur les traditions théologiques paulienne et augustinienne), qu'on appelle les Monarchomaques, tels Hubert LANGUET (1518-1581), Théodore de BEZE (1519-1605) et Philippe DUPLESSIS-MORNAY(1549-1623), affirment que ce n'est pas la volonté divine qui donne naissance à l'État, mais d'un contrat autrefois conclu entre le roi et ses sujets; en revanche, ces derniers (les sujets) donnent leur engagement à obéir, et le roi doit respecter des règles garantissant leurs libertés; si celui-ci rompt le pacte, le peuple est fondé à résister.

Gilles CHAMPAGNE dit que "cette théorie sur l'origine contractuelle du pouvoir est détournée par Thomas HOBBES au profit de l'absolutisme monarchique (le Léviathan, 1651). Thomas HOBBES (1588-1679) montre que les hommes, pour sortir d'une situation d'anarchie, ont conclu entre eux un contrat qui institue un État garant de l'ordre. Mais le monarque placé à la tête de cet État n'est pas lié par ce contrat auquel il demeure extérieur, bien qu'il en soit le bénéficiaire. Il est donc permis au souverain, même si cela n'est pas souhaitable, **d'opprimer ses sujets sans que cet abus de pouvoir puisse légitimer une éventuelle révolte**[1]". Mais cette pensée de Thomas HOBBES connaîtra de succès avec la montée des États totalitaires dans les années 1930 **(ici le chef use ou abuse de son autorité, qui ne supporte pas la contradiction)**. Elle sera invoquée par les théoriciens du fascisme et du national-socialisme, et tout particulièrement par Carl SCHMITT (1888-1985), dignitaire du régime nazi, concepteur et défenseur de ses lois; d'ailleurs, celui-ci se réclama par la suite de HOBBES en procédant en une déformation sa philosophie politique, notamment dans deux œuvres maîtresses, Théologie politique (1922) et Le Léviathan dans la théorie de Thomas HOBBES (1938).

## B- Les conceptions libérales de l'État

### 1-Le rejet de la conception absolutiste de l'État

Pour LOCKE (1632-1704)-dans ses deux traités du gouvernement civil de 1660-souligne que les hommes, pour mener une vie collective, ont pactisé avec le monarque, en contrepartie, ce dernier prenant des engagements à respecter les libertés et la propriété de ses sujets. En cas d'atteinte à ce contrat, les sujets peuvent changer de souverain ou justifier donc la révolution (Premier Traité). John LOCKE cherche finalement à asseoir" la légitimité du pouvoir politique sur le consentement populaire (Second Traité)"[2].

---

[1] - CHAMPAGNE (Gilles),"L'essentiel Droit constitutionnel-1 Théorie générale du droit constitutionnel", 4ème édition Gualino éditeur, Paris, 2004, p.13.

[2]- CHAMPAGNE (Gilles),"L'essentiel Droit constitutionnel-1 Théorie générale du droit constitutionnel", op.cit.13.

**2-La théorie de la séparation des pouvoirs**

Dans le sillage de John LOCKE, Charles MONTESQUIEU (1688-1755) est en réaction contre l'absolutisme et préconise l'instauration de la séparation des pouvoirs égaux et complémentaires permettant l'avènement d'un État modéré et libéral (De l'Esprit des Lois, 1748). Charles MONTESQUIEU souligne que les libertés publiques n'existent que par la loi.

**3-La conception du contrat social**

Pour Jean-Jacques ROUSSEAU (1712-1778), (Du contrat social, 1762), "les hommes sont sortis de l'état naturel en inventant la propriété, ce qui devait rompre leur égalité initiale. Un contrat est alors souscrit entre eux, et non avec le souverain. Ils conservent donc leur pouvoir de déterminer les règles sociales"[3]. Autrement dit, il considère que "les hommes afin d'être plus heureux, ont conclu un pacte en vertu duquel ils s'engagent à se conformer à la volonté générale, laquelle s'exprime dans la loi, expression de l'intérêt général. Le pouvoir politique se manifeste dans la loi, élaborée et votée par les citoyens réunis en une seule assemblée; le monarque, s'il en existe un, n'a pour fonction que l'exécution de la loi"[4].

**4-La théorie de l'État minimal libéral**

La théorie de l'État minimal a été incarnée par Benjamin CONSTANT (1767-1830) dans son œuvre "Des effets de la Terre, 1797"et les libéraux du XIX è siècle, tels Alexis de TOCQUEVILLE (1805-1859) et François GUIZOT (1787-1874). Ce courant libéral enferme l'État dans une constitution qui l'oblige à assurer les libertés des citoyens et le limite principalement aux activités de l'État gendarme comme la police, la justice et la défense.

---

[3] - SAINT-JAMMES (Virginie),"Droit constitutionnel", édition Bréal, Rosny-Sous- Bois, 2001, p.8

[4]- CHAMPAGNE (Gilles),"L'essentiel Droit constitutionnel-1 Théorie générale du droit constitutionnel", op.cit.14.

### 5-Les conceptions pluralistes de l'État [5]

D'abord, l'État trouve son rôle dans l'incarnation de la nation. Ainsi, selon M.HAURIOU (1859-1928) et surtout R.CARRE de MALBERG (1861-1935) dans son œuvre « Contribution à la théorie générale de l'État », 1920, l'État est doté d'une personnalité juridique car il est une personne collective permanente qui survit à la mort de ses dirigeants. C'est ce qui fonde sa souveraineté. C'est le concept-clé d'État-nation.

Ensuite, **l'État-providence**, né au XX^e^ siècle, se voit confier un rôle de régulation sociale par le biais de la **redistribution des richesses**. Cette théorie prend en compte les critiques de l'État libéral classique, formulées par les courants socialistes non marxistes. Pour plus de précision, l'une des missions de **l'État-providence** consiste en la prise en charge très complète et fondée sur une solidarité entre les catégories sociales, de divers risques (maladie, indigence, retrait d'activité, chômage).

Aujourd'hui, avec l'effondrement des États marxistes, à l'exception de Chine, du Vietnam, de Corée du Nord et du Cuba, et l'évolution de certains pays tiers-mondistes vers la démocratie (Brésil, Chili, Argentine..., et plusieurs pays africains), les conceptions pluralistes de l'État semblent, sans aucun doute, s'imposer.

Le terme "Tiers-Monde" est un néologisme désignant l'ensemble des États en voie de développement, souvent issus du mouvement de décolonisation consécutif à la seconde guerre mondiale, et représentant environ les deux tiers de la population mondiale.

On a vu tout au long de la guerre froide, le Tiers-Monde dont les représentants occupaient par leur nombre une place

---

[5] - SAINT-JAMMES (Virginie),"Droit constitutionnel", op.cit p.8

primordiale à l'O.N.U., affirma dans sa plus grande part son individualité par rapport aux blocs américain et soviétique.

### C- Les conceptions socialistes de l'État

Les conceptions socialistes de l'État sont marquées par les socialistes non marxistes, les marxistes-léninistes, les anarchistes et l'abolition de l'État.

#### 1-Les socialistes non marxistes et l'État

Les socialistes non marxistes n'ont que très développé de conceptions générales sur l'État. Hormis quelques révolutionnaires, tels Gracchus BABEUF (1760-1797), Louis BLANQUI (1818-1883), qui veulent l'utilisation de la violence pour l'instauration d'un État socialiste, bon nombre d'auteurs, tel Etienne CABET (1788-1856), a comme prétention de reformer l'État capitaliste et l'installation de la démocratie directe au niveau local.

#### 2-Les marxistes-léninistes et l'État

Karl MARX (1818-1883), Friedrich ENGELS (1820-1895) et LÉNINE (1870-1924) concentrent leurs critiques sur l'État bourgeoisie, dont le seul rôle est de maintenir le prolétariat dans la division et la soumission aux détenteurs du capital comme le dit "le Manifeste du Parti Communiste, 1848 de Karl MARX. Leur démarche consiste à renverser l'État capitaliste et à prendre le pouvoir en instaurant la dictature du prolétariat; c'est dans cette optique que surviendra le dépérissement de l'État.

En ce qui concerne la dictature du prolétariat, "dans la conception marxiste, elle est l'étape transitoire entre le triomphe de la révolution et l'avènement de la société communiste. Pour ENGELS ou LÉNINE, l'État est toujours la dictature d'une classe sur une classe. À la "dictature de la bourgeoise" la révolution substitue la dictature de la classe ouvrière. L'État est provisoirement maintenu, avec la triple fonction d'éliminer les vestiges des exploiteuses, de jeter les bases économiques du socialisme, d'éduquer un homme nouveau"[6].

### 3-Les anarchistes et l'abolition de l'État

Les Anarchistes, tels Pierre Joseph PROUDHON (1809-1865, œuvre "Qu'est-ce que la propriété", 1840) et Mikhaïl Aleksandrovitch BAKOUNINE (1814-1876, œuvre "L'État et l'anarchie", 1873), souhaitent la destruction pure et simple de toute forme d'État, s'opposant farouchement à la dictature du prolétariat.

### D-Les conceptions théocratiques de l'Etat[7]

Tombée en désuétude en Occident depuis la fin des monarchies absolues de droit divin, la conception théocratique du pouvoir renaît avec l'avènement de l'État islamique, symbolisé par l'Iran. La loi des fidèles et le pouvoir législatif résident dans le coran (ou la loi de Dieu) et la sunna (ou tradition du Prophète), le chef unique, le calife ou imam (chef religieux et temporel), étant chargé de l'exécution de la loi islamique ou charia (composée du coran et de la sunna).

## Section 2: Les éléments constitutifs de l'État

D' après Pierre AVRIL et Jean GICQUEL (Lexique de Droit constitutionnel, Puf, Paris, 2003, p.49.), l'État est une organisation politique et juridique de la nation ou sa personnification. L'État est une personne morale caractérisée par la détention de prérogatives de la puissance publique et par sa soumission aux sujétions correspondantes.

L'État peut être défini comme "un groupement humain fixé sur un territoire déterminé et sur lequel une autorité politique

---

[6] - BADIE (Bertrand), BIRNBAUM (Pierre), BRAUD (Philippe) et HERMET (Guy),"Dictionnaire de la Science Politique et ses Institutions Politiques", éditions Armand Colin, Paris, 2005, p.96.

[7]- CHAMPAGNE (Gilles),"L'essentiel Droit constitutionnel-1 Théorie générale du droit constitutionnel", op.cit.15.

s'exerce"[8]. Sujet du droit international public, il est caractérisé par une personnalité, une population, un territoire et un pouvoir souverain.

### A- La personnalité

L'État est représenté par un gouvernement qui est une autorité politique organisée, distincte des individus qui la composent. Il a la personnalité morale. Il a la capacité juridique, un patrimoine, des droits et des obligations et continuité indépendante des individus et des organes qui l'incarnent.

### B- La population ou la Nation

Il ne saurait y avoir d'État sans population...puisque c'est la nécessité de gouverner celle-ci qui justifie la création de l'État. En revanche, il existe actuellement des populations sans État clairement constituée ou internationalement reconnu: c'est l'exemple du peuple palestinien notamment.

D'après Bernard DOLEZ, la population d'un État, c'est l'ensemble des individus soumis au pouvoir normatif de cet État. Mais un État ne peut fonctionner de manière satisfaisante que s'il existe un lien social fort entre sa population. C'est-à-dire si la population constitue une véritable "Nation"[9].

#### 1- La Nation

JURIFICHE 2004 sur le Droit constitutionnel (I), la nation est la représentation transcendantale d'un groupe d'individus partageant un passé et une vision commune de l'avenir, conscients de cette identité, et manifestant la volonté de vivre ensemble **(approche subjective).**

---

[8] - DOLEZ (Bernard),"Institutions politiques", éditions Litec, Paris, 1998, p.7.
[9] - DOLEZ (Bernard),"Institutions politiques", op.cit., p.7.

Selon la **conception objective** d'inspiration germanique, la nation comprend des éléments objectifs (langue, religion, race, culture).

Cette conception de la nation fut celle du III$^{e}$ REICH. Elle s'appuyait sur les **travaux pseudo scientifiques de deux français**: **GOBINEAU** ("Essai sur l'inégalité des races humaines", 1853) et **Vacher de LAPOUGE**, selon lesquels il existerait une hiérarchie entre les races (...), la race aryenne est bien sûr la race allemande, sensée être pure depuis la préhistoire. Elle préconisa l'élimination systématique de la race "inférieure", la race juive: c'est la shoah[10].

### 2-Les relations entre la Nation et l'État

Pour les juristes classiques, l'État ne se conçoit que s'il incarne une nation et, en retour, toute nation peut prétendre s'organiser en État. C'est l'idéal de l'État- Nation.

De nos jours, cette assimilation entre État et nation a été remise en question. En Europe, la nation a souvent précédé l'État, mais, parfois, le processus s'inverse, par exemple en Afrique[11].

Il existe aussi des États sans nation et des États multinationaux. Enfin, certaines nations sont divisées entre plusieurs États (par exemples, la nation kurde, la nation tutsi, la nation kongo).

## C- Le territoire

La création de frontières (terrestres, mais aussi maritimes et aériennes) marque la création du territoire et permet de délimiter l'espace dans lequel s'exerce l'autorité de l'État.

---

[10] - Idem, p.8
[11] - Idem, p.12

Le territoire constitue donc le support, l'assise de la puissance étatique. La maîtrise du territoire permet d'assurer la cohésion et la protection de la population qui y réside, aussi bien sur un plan intérieur avec le maintien de l'ordre que sur un plan extérieur avec la protection contre les agressions étrangères (voir centre de publications universitaires, «Droit constitutionnel et institutions politiques», paris, 1996-1997, p.18).

Il est formé par les **espaces terrestre**, **aérien** et **maritime**. Il faut souligner qu'il existe cependant des territoires qui n'appartiennent à personne en particulier: eaux internationales, espace atmosphérique…

### 1-Le territoire terrestre

Le territoire terrestre désigne le sol et le sous-sol, mais également les eaux comprises à l'intérieur des frontières, telles que : rivières, lacs ou même section d'un fleuve international traversant ou bordant le territoire terrestre.

D'après Catherine ROCHE ("L'essentiel du Droit international public et du Droit des relations internationales", 2e édition Gualino éditeur, Paris, 2003, p.52.), le territoire terrestre peut être continu ou discontinu, c'est-à-dire divisé en plusieurs parties distinctes (par exemple, la France avec ses DOM-TOM ou les États-Unis avec l'Alaska et Hawaï). Mais cette division du territoire peut poser problème, comme pour le Pakistan. Devenu indépendant en 1947, partagé en deux parties, le Pakistan oriental et le Pakistan occidental, le premier a fait sécession en 1978 pour devenir le Bangladesh. La perte de son territoire (par cession, échange, annexion…) ne met pas fin à l'existence de l'État, tant qu'il en conserve une partie.

Il convient de souligner que la situation géographique occupe une place primordiale, non seulement pour qualifier un État, mais également pour des raisons de géopolitique : un accès large à la mer est incontestablement un avantage.

**2-Le territoire maritime**

On y distingue:

**2.1-Les eaux intérieures**, enclavées dans les terres (ports, estuaires, baies...).

**2.2-La mer territoriale**, bande maritime suivant le tracé des côtes sur une largeur de 3 à 12 milles. C'est un véritable territoire immergé, sur lequel l'État exerce des compétences identiques à celles qu'il exerce sur un territoire terrestre.

**2.3-La zone économique exclusive (ZEE)**

Sur ce point, Bernard DOLEZ déclare à la page 11 que l'État exerce des droits souverains pour ce qui concerne l'exploration et l'exploitation des ressources économiques. La zone économique exclusive s'étend jusqu'à 200 milles nautiques (12+ 188). Au-delà, s'étend la haute mer, ouverte à tous les États, riverains ou non en vertu de liberté qui la caractérise.

**3-Le territoire aérien**
(cf. Olivier DUHAMEL et Yves MENY, Dictionnaire constitutionnel, Puf, Paris, 1992, p.1030)

Il comporte l'espace atmosphérique surplombant à la fois au territoire terrestre et à la mer territoriale de l'État. La caractéristique fondamentale de ces espaces est qu'ils sont les uns les autres intégralement soumis à la compétence de l'État, même si celle-ci est réglementée par des normes internationales d'origines coutumières ou conventionnelles. En termes clairs, sur le territoire aérien, l'État exerce sa pleine et entière souveraineté. Il en réglemente donc l'accès et peut en interdire le survol (convention de Chicago du 7 décembre 1944 sur le transport aérien).

**4-Les fonctions du territoire**

C'est celle que le territoire remplit vis-à-vis de l'État. Pas d'État sans territoire. Aujourd'hui, la majorité des auteurs disent que le territoire est avant un espace à l'intérieur duquel s'exercent les compétences de l'État. C'est à la fois une limite et un titre à l'exercice des compétences de l'État ; il permet de répartir l'autorité sur la population.

**D-La souveraineté de l'État**

Le terme souveraineté signifie "pouvoir originaire, pouvoir inconditionné, pouvoir suprême"[12]. La souveraineté de l'État se scinde en deux:

**1-La souveraineté interne**

L'État exerce "un pouvoir suprême, absolu et illimité de décider qui n'est contraint par aucune autre règle ou autorité. Maître de lui-même, il définit ses compétences ; il détient la compétence de compétence et seul détermine les règles qui sont applicables. Les particuliers doivent en appeler à lui pour faire sanctionner la violation de ces règles qui leur serait préjudiciable sans pouvoir se faire justice eux-mêmes"[13].

La souveraineté interne ne trouve comme limite éventuelle que les droits des citoyens, lesquels peuvent remettre en cause les gouvernants (élection, révolution) si ceux-ci mettent en œuvre une politique que les premiers contestent[14]. C'est -aux dommages causés aux tiers par les agents de l'État entraînent éventuellement la responsabilité de celui-ci.

---

[12]- VIALLE (Pierre) avec la collaboration de LAJOIE (Jean-Louis) et TOMASI (Jean-Paul),"Droit constitutionnel et Science Politique. Tome 1 Théorie générale et régimes politiques étrangers", édition L'Hermès, Lyon, 1998, p.37.

[13]- JURIFICHE 2004 sur le Droit constitutionnel (I), Beauvais, 1998.

[14]- POUVERT (Bertrand),"Droit constitutionnel", Studyrama, Levallois-Perret, 2004, p.46.

### 2-La souveraineté internationale

Dans le cadre de la souveraineté internationale, l'État est indépendant et aucun autre État ne peut s'ingérer dans ses affaires. En revanche, les États peuvent consentir à limiter leur souveraineté par des traités internationaux.

## Section 3 : Les formes de l'État

Il existe essentiellement deux sortes d'État: l'État unitaire, l'État composite et les unions d'État.

### A-L'État unitaire

"La plupart des États contemporains sont des États unitaires. Cela signifie qu'il n'existe dans ces États qu'un seul ordre juridique qui s'impose à tous quel que soit le lieu où chacun réside. Le droit applicable est partout le même; les autorités de l'État exercent la plénitude de leurs attributions sur tout le territoire de l'État"[15]. Les pouvoirs sont définis dans une seule constitution et une seule législation. Les compétences étatiques sont dévolues à un gouvernement unique qui représente l'État au plan international.

Selon l'article 1er de la constitution de la IIIe République, la République démocratique du Congo est" une République indivisible". De ce fait, la République démocratique du Congo est bel et bien État unitaire, dans le sens où celui-ci n'admet néanmoins qu'un seul centre de décision politique. Ce principe admet néanmoins des aménagements: la déconcentration et la décentralisation.

Toutefois, un État unitaire peut être administré de plusieurs façons.

---

[15]- GELARD (Patrice) et MEUNIER (Jacques),"Institutions Politiques et Droit constitutionnel", éditions Montchrestien, Paris, 2001, p.20.

### 1-L'État centralisé

L'État centralisé est "celui dans lequel aucune des collectivités composantes, qu'elles soient de caractère géographique, sociologique, professionnel, religieux ou autre, ne peut faire valoir un droit propre à l'établissement des règles qui la concernent"[16]. Ce qui signifie que les décisions sur le plan de l'administration des affaires locales sont prises par le centre. "Le rôle des agents publics locaux se limite à appliquer les décisions prises par le centre. L'État est la seule collectivité publique. Une telle centralisation est dangereuse pour les libertés, tout en étant d'une efficacité relative"[17].

Elle est actuellement dangereuse voire même très dangereuse, à cause de la "multiplication des affaires de l'État ou encore leur ccomplexité croissante rend physiquement impossible une vraie centralisation"[18]. Aujourd'hui, il est important d'autres techniques permettant de rapprocher l'État du citoyen et laisser la place aux initiatives locales pour faire avancer les choses.

### 2- La déconcentration et la décentralisation

Ici, l'administration des affaires locales passe par les autorités locales.

### 2.1-La déconcentration

Elle consiste dans l'octroi d'un pouvoir de décision à des agents locaux nommés par le pouvoir central, soumis à son autorité hiérarchique et responsable devant lui, tels que par exemple, en France, le Préfet ou le Recteur, exercent les différentes attributions au nom de l'État. La déconcentration ne diminue en rien le caractère centralisé de l'État; selon la

---

[16] - BURDEAU (G),"Traité de Science Politique, t 2 », p.366.
[17]- CHAMPAGNE (Gilles),"L'essentiel Droit constitutionnel-1 Théorie générale du droit constitutionnel", op.ct.p20.
[18]- DOLEZ (Bernard),"Institutions politiques", op.cit, p.13.

formule imagée d'Odilon BARROT,"c'est toujours le même marteau qui frappe; on a seulement raccourci le manche". "L'autorité déconcentrée ne dispose d'aucune autonomie réelle sur le plan financier que sur le plan de l'initiative; il n'est que le représentant du pouvoir central et il n'agit qu'en vertu des délégations qui lui sont consenties"[19].

**Que peut-on retenir de la déconcentration?**

- la nomination des autorités déconcentrées;
- le pouvoir discrétionnaire de l'État;
- les délégations du pouvoir central aux autorités déconcentrées (de compétences ou de signatures);
- le fonctionnement décidé par le pouvoir;
-aucune autonomie financière;
- la soumission au pouvoir hiérarchique de l'autorité centrale.

**2.2-La décentralisation**

Elle est un mode d'administration ou de gestion des affaires locales consistant à permettre à une collectivité humaine (décentralisation territoriale) ou à un service (décentralisation technique ou fonctionnelle) de s'administrer eux-mêmes sous le contrôle de l'État, en dotant de la personnalité juridique, d'autorités propres et de ressources.

De cette définition ressort trois conditions essentielles[20]:

- L'Application de la démocratie, au plan local, consistant dans le transfert de compétence d'ordre administratif du pouvoir central dont les instances dirigeantes sont élues par les citoyens concernés (décentralisation territoriales).

---

[19]- GELARD (Patrice) et MEUNIER (Jacques),"Institutions Politiques et Droit constitutionnel", op.cit, p.20.
[20]- AVRIL(Pierre) et GICQUEL (Jean),"Lexique de Droit constitutionnel", Puf, Paris, 2003, p.35.

- L'autonomie peut se concevoir aussi au profit d'un établissement public, c'est-à-dire d'un service public doté de la personnalité morale (décentralisation fonctionnelle ou technique).
- L'autonomie des collectivités territoriales a pour corollaire le contrôle administratif assumé par le représentant de l'État qui, au surplus, a la charge des intérêts nationaux et du respect des lois. Elle doit s'accompagner de pouvoirs financiers locaux, sans aller jusqu'à l'autonomie fiscale, domaine qui relève toujours de l'État souverain.

Toutefois, malgré cette autonomie reconnue aux collectivités locales, la décentralisation connaît quelques limites pour conserver la cohésion étatique:
- Les décisions prises par des organes décentralisés sont soumises à un contrôle administratif, que l'on appelle parfois tutelle, exercé au nom de l'État. L'État ne peut se dispenser de veiller à l'exécution de ses lois.

- Le contrôle exercé sur les personnes, sur les moyens ou sur les actes. La tutelle ne doit pas positionner le niveau hiérarchique par rapport aux agents de l'État, sinon il n'y a pas de vraie décentralisation.

**Que peut-on dire de la centralisation, la déconcentration et la décentralisation ?**

Centralisation, déconcentration et décentralisation ne doivent pas être opposées car "elles obéissent à des logiques certes différentes mais complémentaires. Un minimum de centralisation maintient la cohésion de l'ensemble, avec des éléments de déconcentration, de manière à assurer au mieux la gestion de l'ensemble, tandis que les éléments de décentralisation permettent aux citoyens de décider au mieux des questions les concernant directement"[21].

[21] - POUVERT (Bertrand),"Droit constitutionnel", Studyrama, p.60.

**Que peut-on retenir de la décentralisation territoriale et fonctionnelle ou technique ?**

En ce qui concerne la **décentralisation territoriale**, il faut retenir les points suivants:

- les autorités décentralisées territoriales sont élues;
- en cas d'impossibilité de fonctionnement, il y a la dissolution du conseil;
- l'autonomie de compétences générales;
- l'autonomie de fonctionnement;
- les ressources propres, par exemple, les impôts locaux et dotation;
- le contrôle juridictionnel et exceptionnellement tutelle.

Pour ce qui est de la **décentralisation fonctionnelle ou technique**:

- les représentants de l'État ou des collectivités sont élus et désignés;
- la dissolution du conseil en cas d'impossibilité de fonctionnement;
- l'autonomie de compétences spécialisées;
- l'autonomie de fonctionnement;
- les ressources propres et dotation;
- le contrôle juridictionnel et exceptionnellement tutelle.

Malgré cette distinction sur l'État unitaire, il convient de préciser en général que:

- l'acte de création d'État unitaire est la constitution;
- l'État unitaire comprend seulement un État ;
- les organes décisionnels sont le chef d'État, le gouvernement, le parlement monocaméral ou bicaméral, la Cour suprême ou Cour constitutionnelle;
- l'ordre juridique est seulement celui de l'État unitaire;
- la dissolution de l'État unitaire est pratiquement impossible.

### 3-La régionalisation

La régionalisation est le fait de rendre régional. Elle s'est développée au XX$^{e}$ siècle. Elle apparaît comme une forme accentuée de décentralisation. En matière d'organisation territoriale, la régionalisation est une forme de décentralisation au profit des régions auxquelles un État accorde une autonomie administrative et transfère certaines de ses prérogatives. En termes claires, la régionalisation va consister pour l'État à conserver la compétence de principe et à déléguer des compétences d'attribution aux régions.

Comme le souligne ZARKA (Jean) dans un ouvrage intitulé « Introduction au droit constitutionnel, édition Ellipses, Paris, juin 2011, page 24», la régionalisation se rapproche du fédéralisme compte tenu du fait que les compétences attribuées aux régions sont très importantes. L'Italie et l'Espagne sont deux États dont les constitutions illustrent la situation de la régionalisation.

## B- L'État composé

L'État composé est tout d'abord un État complexe; ensuite, il est un État d'État qui n'a pas le même degré d'intégration. On distingue deux sortes d'État composé: la confédération d'États, la fédération d'États et les unions d'États.

### 1- La confédération d'États

Une confédération est "une simple association d'États souverains, qui décident d'exercer en commun certaines compétences et de mettre en place les organismes correspondants. Ce peut être, mais systématiquement, un premier pas vers la voie de la construction d'une fédération, à l'image de l'évolution historique des États-Unis d'Amérique (1778-1787)"[22] après dix ans d'existence donnera naissance en

---

[22]- KADA (Nicolas),"Lexique de Droit constitutionnel", Ellipses Edition Marketing, Paris, 2004, p.16.

1787 aux États-Unis d'Amérique, de la suisse (transformation en fédération en 1848) et la confédération de l'Allemagne du Nord, communément appelée la confédération des États du Rhin (transformation en fédération en 1866-1871).

Aujourd'hui, comme le souligner Gilles CHAMPAGNE dans son livre intitulé "L'essentiel du Droit constitutionnel-Théorie du droit constitutionnel à la page 28", la confédération est surtout illustrée par la CEI (Communauté des États indépendants, qui rassemble 12 de 15 États de l'ancienne URSS, État fédéral, sans les États baltes). La CEI, qui notamment réglé le problème de dévolution et de répartition du matériel militaire, devrait à l'avenir jouer un rôle important en matière de coopération économique. Certains intellectuels ne pensent que le Commonwealth, union d'États issus de l'empire britannique et disposant d'un minimum d'organes communs (la couronne et une conférence des chefs de gouvernement). Quant à l'Union européenne, "elle a certes été créée sur une base confédérale et ses organes de décision demeurent pour une large part intergouvernementaux, mais les évolutions institutionnelles engagées depuis une dizaine d'années trahissent l'introduction croissante de mécanismes fédéraux"[23]. Enfin, les organisations internationales à compétence générale ou spécialisée, à vocation universelle ou régionale sont similaires aux confédérations, mais ce qui les distingue, c'est l'absence de transferts de compétence, en revanche, les États membres conservent l'intégralité de leur souveraineté.

Il est très important de préciser que les unions d'États ne relèvent pas du droit constitutionnel comme la fédération, mais du droit international. L'acte constitutif de la confédération d'États est un traité (droit international) et non pas une constitution (acte du droit interne).

Comme elle est née "d'un traité international qui prévoit ses modalités de fonctionnement et ne peut être modifié qu'à l'unanimité des États participants. Un organe commun, appelé

[23] - KADA (Nicolas),"Lexique de Droit constitutionnel", op. cit., p.16.

diète ou conférence (réunion diplomatique composée de délégués des États, adopte certaines mesures (toujours à l'unanimité) et les propose aux États membres qui doivent alors les valider pour qu'elles produisent un quelconque effet : il n'y a pas d'effet direct des dispositions d'origine confédérale"[24].

Ce qu'on doit savoir de la **confédération des États**:

- l'acte de création, c'est le traité international;
- les États de l'union sont le sujet de droit international, c'est-à-dire autant qu'il existe d'États membres plus la confédération ou l'union des États;
- les organes décisionnels sont la conférence, le conseil des ministres, le secrétariat permanent, un parlement s'il y a lieu et parfois une cour de justice;
- les décisions sont prises à l'unanimité des États membres;
- les ordres juridiques sont seulement ceux des États membres;
- tout État possède de droit de quitter la confédération à tout moment sans être inquiéter par les autres États et cela se fait par dénonciation du traité ou départ volontaire.

**2-L'État fédéral**

Il est "une catégorie juridique d'État composé ou complexe, dénommée aussi fédération, qui se présente sous la forme d'union d'États, au sens du droit interne (à la différence de la confédération), au sein de laquelle une nouvelle collectivité étatique se superpose à ces derniers"[25].

Nicolas KADA (Lexique de droit constitutionnel, p.p.44-45) distingue deux grands types de fédéralisme:

---

[24] - POUVERT (Bertrand),"Droit constitutionnel", op.cit., pp.77-78.

[25]- AVRIL (Pierre) et GICQUEL (Jean),"Lexique de Droit constitutionnel", op. cit. p.50.

### 2.1-Par association

À l'image des États-Unis d'Amérique ou de la Suisse (qui une fédération, et non pas une confédération comme son nom-confédération helvétique-pourrait le laisser croire), ce sont union d'États préexistants qui décident de s'associer et de se placer sous l'autorité d'une instance supérieure à laquelle ils délèguent une part plus ou moins importante de leur souveraineté: État fédéral.

### 2.2-Par dissociation

Ici, il s'agit d'un État unitaire qui se divise et ne conserve que l'exercice de certaines compétences. Les deux cas sont à retenir : l'URSS à partir de 1924 jusqu'à son éclatement ou la Belgique à partir de 1993.

Un État fédéral se caractérise par la combinaison des **trois principes de superposition, d'autonomie et de participation.**

### 2.3-Les caractéristiques de l'État fédéral

#### 2.3.1-La superposition hiérarchique

L'État fédéral est placé au-dessus des États fédérés ; il monopolise des compétences diplomatiques et militaires sur le plan international. Sur le plan interne, le droit fédéral l'emporte systématiquement sur le droit des États fédérés. Les États fédérés doivent respecter, outre leur propre constitution, une norme fédérale (la constitution fédérale), par conséquent, la fédération doit respecter les différentes constitutions des États fédérés, ainsi que les droits des États fédérés. L'État fédéré ne peut souverainement déterminer ses propres compétences. La répartition des compétences se fait soit selon[26]:

un principe de compétences d'attributions exclusives (à l'État fédéral ou aux États fédérés);

[26] - JURIFICHE,"Droit constitutionnel (1)", Beauvais, 2004.

soit selon un principe d'attributions concurrentes à l'État fédéral et aux États fédérés dans des matières communes (Allemagne). Les conflits inévitables sont tranchés par une Cour fédérale. Dans les cas extrêmes, les États fédérés exercent leur droit de faire sécession pour recouvrer leur entière souveraineté et (re)devenir des États à part entière (interdit aux USA).

### 2.3.2-L'autonomie

Chaque État fédéré a des compétences propres et les exerce sans ingérence des autorités fédérales. Généralement, "la constitution fédérale détermine les compétences de l'État fédéral et précise que tout ce qui n'est pas de la compétence de l'État fédéral est celle des États fédérés"[27]. Les États fédérés établissent leur propre constitution et corps législatif ; ils ont leurs propres organes exécutifs (gouverneur aux États-Unis d'Amérique), législatif (parlement local) et judiciaire (cour suprême de New York, en anglais, New York supreme court).

### 2.3.3-La participation

Les États fédérés participent à la vie de l'État fédéral, par le canal de leur représentation dans les organes fédéraux. Les États fédérés sont omniprésents au sein du parlement fédéral ; ils le sont parfois au sein de l'exécutif. En règle générale, le parlement des États fédérés comprend deux chambres : l'une des chambres a pour fonction de représenter les États fédérés à égalité quelle que soit leur population »: aux États-Unis, le Sénat comprend 100 sénateurs, à raison de deux Sénateurs par État, en Suisse, au Mexique, ...chaque État a droit à deux sièges, au Brésil et en Argentine à trois sièges, en Australie à douze...C'est là une règle qui découle du principe de droit international en vertu duquel les États, étant souverains, sont égaux"[28]. En ce qui concerne le Bundesrat allemand, la

---

[27] - CHANTEBOUT (Bernard),"Droit constitutionnel", édition Armand Colin, Paris, 2005, p.64.

[28] - CHANTEBOUT (Bernard),"Droit constitutionnel", op.cit.p.65.

participation des États membres se fait tantôt de manière inégalitaire, surtout en tenant en compte de la population des États membres. Quant à l'autre chambre, elle est élue en prenant pour seule base de la répartition des sièges entre les États en tenant en compte de l'importance démographique, c'est-à-dire l'autre chambre représente la population dans son ensemble de manière proportionnelle.

Outre le bicamérisme fédéral, il convient de préciser que les États fédérés peuvent avoir parfois d'une représentation au sein de l'exécutif fédéral. Sans oublier sur le plan judiciaire, l'importance de la cour fédérale qui a pour fonction d'arbitrer le partage des compétences.

**Que peut-on retenir de la fédération ?**

- l'acte de création de l'État fédéral est la constitution;
- le sujet de droit international est la fédération avec l'octroi d'une compétence internationale résiduelle à leurs entités fédérées;
- les organes décisionnels sont le chef d'État, le gouvernement, le parlement bicaméral et une Cour constitutionnelle;
- les décisions sont prises à la majorité qualifiée ou non des collectivités fédérées;
- les ordres juridiques sont celui de l'État fédéral et ceux des entités fédérées;
- la dissolution est impossible sauf lorsque le droit de sécession est reconnu.

### C- Les Unions d'États

Cette forme d'association d'États n'existe plus à l'heure actuelle. Elles associaient plusieurs États gouvernés par un seul souverain. Il convient de souligner que dans le passé, deux catégories d'unions d'États devaient être opposées : les unions personnelles et les unions réelles.

#### 1- Les unions personnelles

Sur cet aspect, ZARKA, Jean-Claude, « Introduction au droit conditionnel, Ellipses éditions, Paris, 2011, p.26 » déclare que les unions personnelles étaient le groupement de plusieurs États qui, tout en restant distincts, avaient le souverain, pour des raisons de succession au trône. Ces unions d'États n'ont alors en commun que leur monarque. De telles unions existaient entre l'Angleterre et Hanovre de 1714 à 1837, les Pays-Bas et le Luxembourg entre 1815 et 1890, la Belgique et l'État du Congo de 1815 à 1908.

#### 2- Les unions réelles

Elles étaient la réunion volontaire d'États qui avaient le même souverain, mais qui possédaient des organes politiques communs au moins dans le domaine de la défense et de la politique étrangère. Ce fut le cas de l'Angleterre et de l'Écosse après 1707, de l'Autriche-Hongrie de 1867 à 1916. On peut également citer l'union réelle dano-islandaise de 1918 à 1944, l'union réelle de la Norvège et de la Suède de 1814 à 1905.

# CHAPITRE II: La constitution

On examinera les points suivants : la notion et les fonctions de la constitution, la création de la constitution (le pouvoir constituant), les formes des constitutions et le contrôle de la constitutionnalité.

## Section 1: La notion de constitution

### A-L'origine de la constitution

Le mot constitution, statut de l'État, a été employé à partir du XVIIIe siècle par les philosophes du siècle des Lumières. Un courant de pensée (le constitutionnalisme) sous la conduite de LOCKE et MONTESQUIEU, envisagera le remplacement de la constitution écrite par des constitutions coutumières, souvent jugées vagues et imprécises, qui offrent au monarque un pouvoir largement discrétionnaire. La constitution écrite est une démarche occidentale qui mène un combat décisif en faveur d'un État libéral et modéré, à l'opposé de l'absolutisme royal. La constitution doit limiter les pouvoirs très étendus du monarque et préciser les droits du citoyen.

À propos de constitutionnalisme, deux aspects sont à distinguer : classique et moderne. Le constitutionnalisme "classique" a vu le jour avec la rédaction des constitutions dites" révolutionnaires", en revanche le constitutionnalisme "moderne" apparaît avec la constitutionnalité des lois. Il insiste sur la supériorité de la loi fondamentale et sur le respect des droits fondamentaux.

### B- Les définitions de la constitution

Une constitution généralement composée d'un ou plusieurs textes ou parfois de forme non écrite (elle est alors dite" coutumière") est "un acte juridique élaboré par une autorité spéciale, qui, au plus haut degré de la hiérarchie des actes juridiques règle la dévolution, l'exercice et la transmission du pouvoir, la structure de l'État, la création et le régime des principaux actes juridiques, les droits des individus"[29]. Le mot "dévolution" sur cette définition signifie l'attribution du pouvoir à une personne ou un groupe de personnes appelées à l'exercer, mais cela doit se faire par la voie de l'élection qui suppose une compétition entre plusieurs candidats en vue de l'accession au pouvoir (démocraties occidentales). Quant à Nicolas KADA dans "Lexique du droit constitutionnel aux pages 22-23" définit la constitution comme étant l'ensemble des lois fondamentales qui établissent la forme d'un gouvernement, définissent l'organisation des pouvoirs publics et régissent les relations entre les gouvernants et les gouvernés.

Tous les États du monde ont aujourd'hui une constitution, respectée et acceptée de tous, reconnue comme la loi suprême.

Il convient d'établir une différence entre les gouvernés et gouvernants
Les **gouvernés**: ce sont les individus (personnes physiques) et les groupements (personnes morales);
Les **gouvernants**: ils exercent des fonctions dans l'intérêt général et non des droits personnels; le pouvoir est réparti entre ses différents titulaires selon un ordre national et hiérarchisé.

D'une manière générale, on peut définir une constitution au sens matériel et au sens formel ; puis établir une différence entre la constitution souple et la constitution rigide; et enfin les formes des constitutions (écrite et coutumière).

---

[29] - OLIVA (Éric),"Droit constitutionnel", éditions Dalloz, Paris, 2004, p.7.

### 1-La constitution au sens matériel et la constitution au sens formel

#### 1.1-La constitution au sens matériel

La constitution est un ensemble des règles écrites ou coutumières qui déterminent la forme de l'État (unitaire ou fédéral), la dévolution et l'exercice du pouvoir. En ce sens, tout État dans lequel le pouvoir s'exerce conformément à certaines règles dispose d'une constitution. Cette définition est similaire à la première.

#### 1.2-La constitution au sens formel

La constitution est un document relatif aux institutions politiques, dont l'élaboration et la modification obéissent à une procédure différente (supérieure) de la procédure législative ordinaire, par exemple l'assemblée constituante.

### 2- La différence entre la constitution souple et la constitution rigide

La définition formelle de la constitution renvoie à la distinction entre la constitution souple et la constitution rigide.

#### 2.1-La constitution souple

Une constitution est dite souple "dès lors qu'il n'existe aucune procédure particulière qui permette de procéder à une révision, et alors n'importe quelle loi peut modifier le texte constitutionnel. Dans ce sens de figure, il n'existe pas une réelle supériorité de la constitution sur la loi, puisque toute loi peut venir modifier le texte fondateur censé lui être supérieur ; par ailleurs, l'existence d'une constitution souple rend impossible la mise en œuvre d'un contrôle de constitutionnalité des lois"[30]. En un mot, quand elle peut être modifiée dans les mêmes conditions qu'une loi ordinaire.

---

[30] - POUVERT (Bertrand),"Droit constitutionnel", op.cit., pp.130-131.

### 2.2-La constitution rigide

La constitution rigide est "celle qui est adoptée et modifiée dans des conditions et des formes plus strictes que celles régissant l'adoption ou la modification des lois ordinaires. Une constitution rigide ne peut en principe être modifiée par la loi ordinaire (à moins que la violation de la constitution par le législateur ordinaire ne fasse pas l'objet d'une sanction notamment par un juge constitutionnel). Il serait possible de distinguer au sein des constitutions rigides celles qui prévoient un contrôle de constitutionnalité des lois de celles qui ne le prévoient pas"[31]. En termes clairs, elle prévoit une procédure spéciale et renforcée pour sa révision.

En général, "une constitution souple est synonyme de la constitution matérielle en raison de la confusion entre le pouvoir constituant (pouvoir mis en place pour l'élaboration et la révision d'une constitution) et le pouvoir législatif ; tandis qu'une constitution formelle vaut constitution rigide, par suite de la différenciation entre ces deux pouvoirs"[32], c'est-à-dire entre le pouvoir constituant et le pouvoir législatif.

Cette comparaison offre une possibilité d'étudier les différentes formes des constitutions.

### 3- La différence entre la constitution politique et la constitution sociale

La constitution doit d'une part encadrer le pouvoir politique mais aussi déterminer l'ordre social que le pouvoir politique doit promouvoir.

---

[31] - OLIVA (Éric),"Droit constitutionnel", op.cit.p.9.
[32]- AVRIL (Pierre) et GICQUEL (Jean),"Lexique de Droit constitutionnel", op. cit. p.29.

### 3.1- La constitution politique (le statut du pouvoir)

La constitution détermine la façon dont sont composés chacun des pouvoirs et explique leurs fonctionnements. En effet, celle-ci définit le mode d'élection des parlementaires ainsi que la manière dont les membres de l'exécutif sont nommés. Elle doit déterminer également si le parlement doit comporter une chambre (parlement monocaméral) ou deux chambres (parlement bicaméral). Elle doit aussi dire si l'exécutif est confié entièrement à l'État ou alors s'il est exercé sous forme collégiale (par plusieurs personnes). La constitution va également s'intéresser à la façon dont les trois pouvoirs se réunissent pour travailler. En effet, le parlement et l'exécutif ne seront pas tout le temps réunis en assemblée, ils peuvent être rassemblés en comités plus restreint afin de préparer le travail. La constitution va déterminer la fréquence de ces rassemblements et également les organes chargés de les diriger.

C'est aussi elle qui va fixer la manière dont le parlement élabore la loi et veille à sa bonne application par le pouvoir exécutif et décide si ce dernier peut également participer à l'élaboration de lois. Elle doit également déterminer si le régime doit être parlementaire, présidentiel ou d'Assemblée c'est-à-dire si la séparation des pouvoirs doit être souple, rigide ou formelle. Elle va devoir fixer aussi les relations qu'entretiennent le pouvoir législatif et le pouvoir exécutif avec le pouvoir juridictionnel. Le degré d'indépendance des juges dépend donc de celle-ci. Pour finir, c'est encore elle qui va informer de la nature de l'État. En effet, elle décide si l'État doit être fédéral ou unitaire. Si c'est un État fédéral, elle définit les différentes compétences de la fédération et des états fédérés.

Mais une constitution ne peut pas se contenter d'encadrer seulement le pouvoir juridique, elle doit également déterminer l'ordre social.

### 3.2- La constitution sociale (le statut des citoyens)

La constitution sociale, quant à elle, concerne seulement les gouvernés. Elle énumère les Droits de l'Homme. Elles sont toute différentes d'une part par leur style et d'autre part par les droits qui y sont exprimés.

En effet, les constitutions sociales ne sont pas tout le temps semblables. Les textes britanniques, américains et Français s'opposent sur certains points.

Les Britanniques, dans des textes traitant des Droits de l'Homme comme par exemple La Grande chartre de 1215 ou encore La pétition des droits_de 1627, ont seulement souhaité garantir leurs droits dans la pratique à l'aide de procédures concrètes. Contrairement à d'autres, ils n'ont pas cherché à proclamer de grands principes philosophiques. Le style des constitutions sociales américaines est un peu différent. En effet, elles contiennent des dispositions très réalistes qu'elles sous-entendent par des principes plus généraux. Les constitutions sociales française, quant à elle, comprennent bien sûr la Déclaration des Droits qui a servi de modèle à de nombreux pays; mais celle-ci s'en tient à des principes généraux et abstraits. Tout d'abord, les droits de l'Homme sont déclarés puis ils sont garantis. Chaque constitution française a gardé ce double système, sauf la constitution de la troisième République. En effet, celle-ci ne comportait ni déclaration ni garantie des droits. La constitution de 1958 a tout simplement choisi de renvoyer à deux textes antérieurs formant notre constitution sociale actuelle : la Déclaration des Droits de l'Homme et du Citoyen de 1789 et le préambule de 1946.

Les droits de l'Homme évoqués dans la constitution sociale n'ont cessé d'être enrichis. Ils ont évolué durant trois périodes bien distinctes. Tout d'abord, du XVII$^{e}$ au milieu du XIX$^{e}$ siècle, les droits de l'Homme énumérés n'étaient que des libertés individuelles (liberté d'opinion…). Puis du XIX$^{e}$ siècle au milieu du XX$^{e}$ siècle, des libertés collectives ont été ajoutées aux libertés individuelles (liberté d'association, liberté de réunion..) et enfin, au milieu du $XX^e$ siècle, d'autres droits de l'Homme ont été ajoutés à ces libertés (droit à la santé, à l'éducation…)

### 4-Les formes des constitutions

Il existe deux types de constitution : la constitution écrite et la constitution coutumière.

#### 4.1-La constitution écrite

Elle est la forme traditionnelle des constitutions. Elle est l'ensemble des règles des lois dites fondamentales réunies en un texte écrit et unique et revêt un caractère solennel qui protège contre l'arbitraire des gouvernants. La rédaction précise des procédures de révision de la constitution afin d'en assurer la protection.

#### 4.2-La constitution coutumière

Elle est une constitution non écrite. L'exemple le plus frappant, c'est la Grande-Bretagne. "Il existe bien des règles mais elles ne font pas l'objet d'un corps cohérent de règles délibérément édictées mais sont le fruit de traditions et de pratiques répétées auxquelles on accorde une valeur obligatoire"[33].

À côté de cette constitution, existe une coutume constitutionnelle. La coutume constitutionnelle est "un ensemble des règles non écrites coutumières, accessoires à la constitution écrite. Elles sont censées être de même rang que la constitution, ces règles peuvent servir à interpréter la constitution si elle est ambiguë, la compléter sur certains points, voire la modifier"[34].

[33] - JURIFICHE 2004 sur le Droit constitutionnel (I), Beauvais, 1998

[34] - JURIFICHE 2004 sur le Droit constitutionnel (I), Beauvais, 1998

**5-Les fonctions de la constitution**

La constitution recouvre plusieurs fonctions:

- Selon la conception française et américaine, la constitution est un instrument juridique de limitation du pouvoir ou encore source de toute norme. Selon H.KELSEN, la constitution est à la base des sources juridiques nationales. Elle constitue le sommet de la hiérarchie des normes internes et bénéficie donc de la primauté juridique sur les autres normes: loi, règlement, traité, etc., qui doivent se conformer à elle.
- Elle permet l'exercice du pouvoir. Il faut entendre par-là que la constitution octroie" des compétences aux gouvernants et prévoit les conditions dans lesquelles ils peuvent les exercer : elle fonde leur légitimité"[35].
- Elle est le statut de l'État. Elle détermine les organes politiques, leurs compétences et rapports.
- Elle est le garde-fou des libertés individuelles. Elle n'est, pour ses rédacteurs, qu'un instrument au service de la promotion des libertés et des droits.

**6- La supériorité de la constitution**

La constitution a une valeur supérieure à toutes les autres règles de droit internes comme par exemple les lois ordinaires, les règlements...Toutes ces autres normes sont donc dans l'obligation de respecter les constitutions. En cas échéant, celles-ci sont déclarées inconstitutionnelles. Elles ont simplement le droit de les préciser ou les compléter en aucun cas elles peuvent les modifier. L'État de droit supprime la règle illégale de deux manières: soit l'auteur de la règle la supprime, soit la justice le fait. Il a mis en place un système de contrôle de constitutionalité des lois. Cette procédure spéciale presque toujours juridictionnelle a pour but d'empêcher les normes inférieures (principalement les actes du Législatif) d'enfreindre la constitution. Elle permet de garantir le fonctionnement

[35] - JURIFICHE 2004 sur le Droit constitutionnel (I), Beauvais, 1998

normal des institutions politiques et le respect de nos libertés fondamentales (qui ne sont plus menacées par des lois pouvant être contraires à nos institutions). On ne fait plus confiance aux autorités politiques, notamment le parlement pour respecter la constitution. Ses lois peuvent être contraires à celle-ci. Il faut donc pouvoir les annuler ou les déclarer inconstitutionnelles. Cela permettra à certains organes, de préférence juridictionnels de contrôler ses lois. Ce contrôle est exécuté soit par le préfet (celui-ci contrôle les décisions des collectivités locales), soit par le Conseil constitutionnel, soit par les tribunaux. Mais il arrive que la constitution soit contenue elle-même dans une loi ordinaire. Dans ce cas celle-ci a la valeur de toutes les autres lois malgré son contenu spécifique. Elle ne bénéficie alors pas d'une supériorité par rapport à ces lois; c'est le cas par exemple en Grande Bretagne.

## Section 2: La création de la constitution et le contrôle de constitutionnalité

Les fonctions de la constitution renvoient à l'étude de la création de la constitution et le contrôle de constitutionnalité. Qui pourra élaborer, modifier ou contrôle la constitution?

### A. La création ou l'élaboration d'une constitution

La création ou l'élaboration d'une constitution est l'œuvre du pouvoir constituant. À côté du pouvoir constituant, existe ce qu'on appelle les pouvoirs constitués.

#### 1-Le pouvoir constituant

Il est celui qui est mis en place pour l'élaboration et la révision d'une constitution. Il est aussi appelé la super légalité.

Il existe deux sortes de pouvoirs constituants : le pouvoir constituant originaire et le pouvoir dérivé.

### 1.1-Le pouvoir constituant originaire

Il est un pouvoir d'élaboration d'une constitution qui peut être non démocratique et démocratique.

#### 1.1.1.Le pouvoir constituant originaire non démocratique

Il est non démocratique lorsque la constitution est imposée par un homme qui s'est approprié le pouvoir. Ici, la constitution peut être octroyée par le souverain au peuple ; elle peut également être imposée par le pouvoir aux gouvernés, etc.

#### 1.1.2-Le pouvoir constituant originaire démocratique

Il est dit démocratique lorsque le peuple est associé à l'élaboration par le procédé de l'assemblé constituante (assemblée élue par le peuple, mais souveraine : elle élabore et approuve seule le texte) ou du référendum constituant (une assemblée élue par le peuple ou un gouvernement, soumet son projet au peuple par référendum).

Toutefois, l'assemblée peut disposer d'un pouvoir souverain d'élaborer seule une constitution sans autre vote populaire ou être tenue de soumettre son projet au peuple pour approbation (référendum constituant).

### 1.2-Le pouvoir constituant dérivé

C'est celui qui est à habilité de réviser la constitution, selon la procédure et dans les limites prévues par le pouvoir constituant originaire:

- **Les limites temporelles**: la constitution ne pourra être modifiée dans certaines circonstances, qu'à compter de l'expiration d'un certain délai…
- **Les limites matérielles**: le pouvoir constituant ne pourra toucher qu'à certaines matières.
- **Les limites formelles**: une procédure spéciale de révision peut être prévue. Contrairement à la constitution **souple** (peu de

limites, donc limites: elle peut être modifiée dans les mêmes conditions qu'une loi ordinaire), est dite **rigide** (beaucoup de limites, elle prévoit une procédure spéciale et renforcée pour sa révision), la constitution qui ne permet pas à un pouvoir constitué (pouvoir public) de modifier seul la constitution mais requiert le respect d'une procédure spéciale plus contraignante que celle requise pour l'adoption d'une loi.

**Ce qu'il faut retenir:**

En général, une **constitution souple** est synonyme de **constitution matérielle** en raison de la confusion entre le pouvoir constituant et le pouvoir législatif (le cas du régime parlementaire); tandis qu'une **constitution formelle** vaut **constitution rigide**, par suite de la différenciation entre ces deux pouvoirs (le cas du régime présidentiel).

### 2-Les pouvoirs constitués

Selon Maurice HAURIOU, les pouvoirs constitués ou pouvoirs publics sont ceux de volonté en vertu desquels les organes de l'État exercent les fonctions de celui-ci. Ces organes peuvent être: le président de la République, le gouvernement, l'Assemblée nationale, le Sénat, etc. Autrement dit, "ils découlent de la constitution établie par le constituant : ce sont le pouvoir législatif, le pouvoir exécutif et le pouvoir judiciaire qui tirent en leurs principales compétences de la constitution"[36].

### 3-Quelques questions récapitulatives

#### 3.1-Qui peut d'élaborer une constitution?

Le titulaire du pouvoir de révision d'une constitution peut être une assemblée constituante élue par le peuple avec pour mission d'élaborer la constitution et également l'assemblée

[36] - OLIVA (Éric),"Droit constitutionnel", op.cit.p.11.

parlementaire en place disposant du pouvoir constituant et du pouvoir législatif.

### 3.2-Qui peut prendre l'initiative de réviser une constitution?

Le titulaire de l'initiative peut être le chef de l'État, le gouvernement, le parlement, le peuple…

### 3.3-Qui est le titulaire du pouvoir constituant?

Le titulaire du pouvoir constituant peut être le peuple, les représentants du peuple, le chef de l'État et le pouvoir constituant partagé à la fois entre le chef de l'État et une ou plusieurs assemblées.

- Le peuple correspond au procédé démocratique direct avec comme système: le référendum.
- Les représentants du peuple ou de la nation correspondent au procédé démocratique indirect avec comme système: l'assemblée constituante, convention ou l'Assemblée nationale.
- Le chef de l'État et les représentants du peuple ou de la nation correspondent au procédé semi-autoritaire comme système : la charte ou le système du pacte.
- Le chef de l'État correspond au procédé autoritaire comme système: la charte ou le système de l'octroi.

Ces questions récapitulatives étant passées en revue, il est très important d'examiner le contrôle de la constitutionnalité.

## B- Le contrôle de constitutionnalité

### Qu'est-ce qu'un contrôle de constitutionnalité ?

Le contrôle de constitutionnalité est un ensemble des moyens juridiques ou politiques mis en place en vue d'assurer la régularité interne et externe des normes juridiques par rapport à la constitution.

### 1-L'objet du contrôle de constitutionnalité

Son objet est de vérifier la conformité des normes juridiques inférieures à la constitution.

## 2-Les grands types de contrôle de constitutionnalité

Il existe deux grands types de contrôle de constitutionnalité : un contrôle par voie d'action et un contrôle par voie d'exception.

### 2.1-Le contrôle par voie d'action

Cette forme de contrôle vise à obtenir l'annulation pure et simple de la loi devant une Cour constitutionnelle. Autrement dit, l'auteur du recours demande l'annulation de la loi, c'est-à-dire sa disparition de l'ordre juridique.

Il existe deux types de contrôle par voie d'action : le contrôle a priori et le contrôle a posteriori.

#### 2.1.1-Le contrôle a priori

On parle de contrôle a priori, lorsqu'il se situe entre le vote de la loi et sa promulgation.

L'organe chargé du contrôle peut détecter et censurer d'éventuelles inconstitutionnalités contenues dans la loi. La loi déclarée contraire à la constitution ne pouvant être promulguée, les dispositions en cause ne peuvent donc pas produire d'effets.

#### 2.1.2-Le contrôle a posteriori

C'est un contrôle qui intervient après la promulgation de la loi. Ce système est une source d'instabilité juridique. Il a l'avantage de permettre de "censurer des inconstitutionnalités qui, au moment d'édicter l'acte litigieux, ne l'avaient pas été, soit parce qu'il n'existait pas à l'époque de mécanismes de contrôle de la constitutionnalité, soit parce que, bien qu'existants, ils n'avaient pas été utilisés (il n'est pas rare en effet que l'inconstitutionnalité d'une loi n'apparaisse clairement que lorsqu'on commence à l'appliquer)"[37].

### 2.2. Le contrôle par voie d'exception

Une partie à un procès en cours d'instance devant un tribunal ordinaire invoque l'inconstitutionnalité d'une loi dont le juge prétend faire application à son encontre. Si cette inconstitutionnalité est alors avérée, le juge n'annule pas la loi, mais écarte son application dans l'affaire en cours. Cependant, sa décision fait jurisprudence et la loi devient généralement inapplicable[38]. Elle reste malgré tout dans l'ordre juridique. Le contrôle par voie d'exception peut être organisé par deux manières : le contrôle diffus (modèle américain) et le contrôle concentré (modèle européen).

#### 2.2.1-Le contrôle diffus: le modèle américain

Olivier DUHAMEL et Yves MENY considèrent à la page 229 que le contrôle de constitutionnalité des lois est dit" diffus" lorsqu'il peut être exercé par tout juge. Non prévu par la constitution américaine de 1787, ce contrôle diffus trouve son origine dans un arrêt de la Cour suprême des États-Unis en date de 1803, l'arrêt MARBURY/MADISON, rendu sur l'initiative du Président de la Cour suprême d'alors, le"chief justice" John MARSHALL. Par la suite, ce système du "judicial review" (selon l'expression américaine consacrée) s'est largement répandu dans le monde anglo-saxon à l'exception- notable- de la Grande-Bretagne.

Le fait que, dans ces pays, tout juge puisse contrôler la constitutionnalité des lois n'exclut pas que ce contrôle s'exerce

---

37- DUHAMEL (Olivier) et MENY (Yves),"Dictionnaire constitutionnel", op.cit.p.225.

38 - KADA (Nicolas),"Lexique de Droit constitutionnel", op.cit.p.26-27.

sous l'autorité de Cours Suprêmes qui sont l'instance finale pour juger de la contrariété entre une loi et la constitution.

### 2.2.2-Le contrôle concentré: le modèle européen

Le contrôle de constitutionnalité des lois est un contrôle concentré lorsqu'une institution a le modèle d'un tel contrôle. La plupart des États européens préfèrent confier le contrôle de constitutionnalité des lois à une Cour constitutionnelle, c'est-à-dire à une institution spécialement créée à cet effet. L'arrêt rendu par Cour constitutionnelle a en principe une autorité de chose jugée absolue.

## 3-L'organe de contrôle de constitutionnalité

Il existe deux organes aptes de contrôler la constitutionnalité des lois:

- L'organe politique: les membres sont aux ordres du pouvoir exécutif ou législatif.
- L'organe juridictionnel: le pouvoir est confié aux juges ordinaires ou une juridiction spécialisé.

# CHAPITRE III: Le pouvoir politique

Ce chapitre consacre quatre sections pour l'étude du pouvoir politique : le fondement juridique du pouvoir, le choix des gouvernants par les citoyens, la séparation des pouvoirs et la confusion des pouvoirs et les fonctions de l'État.

## Section1 : Le fondement juridique du pouvoir

Le fondement juridique du pouvoir, c'est la souveraineté. Le mot "souveraineté" est apparu en 1527. La souveraineté recouvre son sens moderne avec Jean BODIN. Il s'agit d'un pouvoir suprême, au-dessus de tout, donc inaliénable, consistant essentiellement dans l'exercice de la production des normes applicables à l'ensemble de la société. Dans cette section, on étudiera le titulaire de la souveraineté et l'exercice de la souveraineté selon les régimes.

### A- Qui est le titulaire de la souveraineté

#### 1-La conception théocratique

Selon la conception théocratique, le pouvoir est d'origine divine et son titulaire n'est rien d'autre que le divin. A titre d'exemple, on peut citer Pharaon. Il était considéré comme un dieu vivant et puissant par les Égyptiens. Dans cette conception, le pouvoir est absolu.

#### 2-La représentation divine

Dans la représentation divine, le pouvoir est d'origine divine. Celui qui le représente n'est plus dieu lui-même. Le pouvoir du roi émane de Dieu qu'il représente.

### 3-La souveraineté nationale

La conception découlant de l'article 3 de la déclaration des droits de l'Homme et du citoyen de 1789 déclare que "le principe de toute souveraineté réside essentiellement dans la nation. Nul corps, nul individu, ne peut exercer d'autorité qui n'en émane expressément", ce qui signifie que la souveraineté est une et indivisible et inaliénable dans la nation tout entière qui l'exerce par le canal de ses représentants.

#### 3.1-La souveraineté est indivisible

La souveraineté est une et indivisible, car elle ne peut pas être divisée en parcelles de souveraineté appartenant aux individus composant la nation. Autrement dit, la volonté générale n'est pas la somme des volontés individuelles. C'est le principe fondamental du modèle de l'État central.

#### 3.2-La souveraineté est inaliénable

La nation demeure le titulaire incontournable de pouvoirs dont elle délègue seulement l'exercice à des représentants de son choix. Ici, un représentant de la nation ne représente non seulement les électeurs de sa circonscription, mais la nation dans son ensemble. Il a ce qu'on appelle "mandat représentatif". Le mandat représentatif veut dire que le représentant agit sans contrôle. Sa liberté est totale tout au long de son mandat.

### 4-La souveraineté populaire

D'après l'idée de Jean-Jacques ROUSSEAU, "le Contrat social", la souveraineté appartient au peuple mais est divisible en autant de parcelles de souveraineté qu'il y a de citoyens, chaque citoyen est titulaire d'une partie de la souveraineté. Elle est inaliénable, car chaque citoyen doit en principe être consulté pour toute décision politique. Les citoyens élisent de simples mandataires qui sont révocables par leurs électeurs s'ils ne suivent pas les instructions de ces derniers. Son mandat est impératif, car l'élu n'est pas libre, il exécute les instructions en provenance du peuple. L'élu est subordonné au peuple. Il est privé de toute initiative autonome. Son mandat est de courte durée, lui permettant d'éviter les abus de pouvoir, les fossés entre les représentants et les représentés. L'avantage de ce mandat court est d'être facilement contrôlé par le peuple. L'analyse du titulaire de la souveraineté renvoie à l'étude de l'exercice de la souveraineté selon les régimes.

### B-L'exercice de la souveraineté selon les régimes

On y distingue trois sortes: la démocratie directe, la démocratie représentative et la démocratie semi-directe.

La démocratie est née en Grèce, à Athènes, est traditionnellement associée " au régime politique qui dépose le pouvoir dans les mains du peuple. La démocratie serait alors, conformément à son étymologie, le gouvernement du peuple (démos, en grec) par le peuple et pour le peuple : si le souverain commet le dépôt du gouvernement à tout le peuple ou à la plus grande partie (...) on donne à cette forme de gouvernement le nom de démocratie"[39]. La démocratie peut revêtir diverses formes:

#### 1-La démocratie directe

D'après Jean-Jacques ROUSSEAU, la démocratie directe est fondée sur l'idée de la souveraineté populaire, elle est le régime le plus idéalement démocratie, car le peuple exerce directement le pouvoir, sans représentants, chaque citoyen participe activement à la prise des décisions politiques par un vote collectif à l'image de la démocratie athénienne antique. La présentification est que ce système est irréalisable en raison de l'impossibilité de rassembler tous les gouvernés. Non seulement elle est irréalisable, mais les lois sont très trop complexes pour la plupart.

---

[39] - ROUSSEAU (Jean-Jacques)," Du Contrat social, III, 3," P.105, GF, 1966 (1762).

### 2-La démocratie représentative

La démocratie représentative est fondée sur l'idée de la souveraineté nationale. Le peuple ne pouvant se gouverner lui-même, il désigne, à la majorité, ses représentants élus qui exerceront le pouvoir en son nom. Le représentant élu représente la nation tout entière et non sa circonscription. Il est libre de ses décisions et n'a pas de comptes à rendre aux électeurs.

### 3-La démocratie semi-directe

Elle est une forme démocratie qui combine la démocratie représentative et la démocratie directe : le pouvoir est normalement exercé par des représentants, mais les citoyens peuvent dans certaines conditions intervenir directement dans son exercice en évitant que ne se développe le sentiment d'une classe politique coupée des soucis des citoyens, puisque ceux-ci peuvent décider de la loi, directement, au moyen du référendum. C'est "un modèle qui anime, à des degrés divers, les démocraties occidentales telles que la France, l'Italie, la Suède ou la Grande-Bretagne (qui n'hésite plus à recourir au processus référendaire)"[40]. Dans ce système, il existe différentes techniques:

#### 3.1-Le veto populaire

Le mot "veto" est une technique juridique qui s'analyse en une contestation de la loi, en vue d'empêcher son application.

Le veto populaire est "une procédure d'abrogation de la loi mise en œuvre par les citoyens"[41], d'opposer son refus à une loi régulièrement votée par le parlement. À défaut d'opposer populaire dans le délai imparti, la loi entre en vigueur. Le veto populaire a cours en Italie et en Suisse.

---

[40] - KADA (Nicolas),"Lexique de Droit constitutionnel", op.cit.p.34.

[41]- AVRIL (Pierre) et GICQUEL (Jean),"Lexique de Droit constitutionnel", op. cit., p.123.

### 3.2-L'initiative populaire

Elle est un procédé de démocratie semi-directe par lequel des citoyens ont la possibilité "de proposer des textes de loi à leurs représentants ou à la collectivité tout entière. Le parlement peut les rejeter, adopter ou modifier. L'initiative a cours, entre autres, en Suisse et aux États-Unis, au niveau fédéré (en Californie, par l'adoption de la "proposition 13", en 1978, les contribuables ont réduit de façon substantielle le montant des impôts de l'État). Cette procédure est ignorée en France. La pétition, à laquelle on se prend à songer, est dépourvue d'effets contraignants à l'égard des pouvoirs publics"[42].

### 3.3-Le référendum

La notion "référendum" est un acte par lequel le peuple accepte ou refuse un texte qui lui est soumis par les gouvernants. C'est une procédure très démocratique, mais qui risque de tourner au plébiscite.

Il existe une série de référendums: le référendum constituant, le référendum législatif, le référendum abrogatif, le référendum pour acceptation, le référendum d'arbitrage et le référendum local.

#### 3.3.1-Le référendum constituant

Dans le cadre de la démocratie semi-directe, le référendum constituant est celui qui porte sur l'adoption ou la révision d'une constitution ou encore c'est une procédure par laquelle les citoyens se prononcent sur l'adoption d'une constitution ou sur sa révision.

---

[42]- AVRIL (Pierre) et GICQUEL (Jean),"Lexique de Droit constitutionnel", op. cit., p.63.

### 3.3.2-Le référendum législatif

C'est une procédure, au terme de laquelle les électeurs, "députés d'un jour" (Charles de GAULLE), se prononcent sur une loi, soit pour son adoption, soit pour son abrogation[43].

### 3.3.3-Le référendum abrogatif

C'est celui qui permet "d'abroger totalement ou partiellement le texte d'une loi déjà adoptée par le parlement. Il s'agit d'une forme de contrôle populaire à posteriori"[44].

### 3.3.4-Le référendum pour acceptation[45]

Ici, le parlement soumet au vote populaire un projet de texte que le peuple doit accepter pour qu'il entre en vigueur.

### 3.3.5-Le référendum d'arbitrage[46]

Ici, le peuple est consulté pour trancher un conflit entre les pouvoirs en présence (chef de l'État en désaccord avec l'assemblée en général).

### 3.3.6-Le référendum local

Il est organisé à "l'initiative d'une collectivité territoriale, votation portant sur des projets de délibération ou d'acte relevant de sa compétence"[47].

D'une manière générale, le référendum peut être facultatif ou obligatoire. Il est facultatif, lorsqu'il est procédé à la

---

43 - AVRIL (Pierre) et GICQUEL (Jean),"Lexique de Droit constitutionnel", op. cit., p.99.

44 - OLIVA (Éric),"Droit constitutionnel", op.cit.p.50.

45 - JURIFICHE du Droit constitutionnel -Août 2004

46 - JURIFICHE du Droit constitutionnel -Août 2004

47- AVRIL (Pierre) et GICQUEL (Jean),"Lexique de Droit constitutionnel", op. cit., p.100.

demande des gouvernants ou sur pétition d'un certain nombre de citoyens, en revanche, il est obligatoire, lorsque "la constitution précise que certaines mesures constitutionnelles ou législatives devront obligatoirement être soumises au référendum"[48].

### Section 2: La désignation des gouvernants par les citoyens

Dans cette section, on s'interrogera sur le suffrage et les modes de scrutin utilisés pour faire le choix des gouvernants.

#### A- Le suffrage

D'après Maurice HAURIOU, le suffrage est une manifestation de volonté dans le cadre d'une élection ou organisation politique de l'assentiment.

Deux points sont à distinguer : l'étendue du droit de suffrage et l'égalité du suffrage.

## 1-L'étendue du droit de suffrage

Il existe deux sortes de suffrage.

#### 1.1-Le Suffrage restreint

Le droit de vote est limité à certains selon divers critères : le suffrage censitaire et le suffrage capacitaire. Autrement dit, le suffrage restreint est celui qui n'est reconnu qu'à certains citoyens sélectionnés au moyen de divers critères.

Le suffrage censitaire est un suffrage restreint limité à ceux qui paient des impôts ou qui justifient une certaine fortune."Instauré en Grande-Bretagne dès le XVe siècle, très

---

48 - OLIVA (Éric),"Droit constitutionnel", op.cit.p.50.

répandu en France à partir de 1791 et durant une large partie du XIX^e^ siècle, le suffrage censitaire assoit ainsi un régime oligarchique, selon les revenus et les capacités. S'ajoute au cens économique (limitation aux propriétaires fonciers) un éventuel cens culturel, basé sur l'exigence de diplômes ou tout simplement sur la seule maîtrise de la lecture et de l'écriture (condition fortement discriminante à l'époque)"[49].

Le suffrage capacitaire est un suffrage restreint qui subordonne "la qualité d'électeur aux capacités intellectuelles ou niveau d'instruction"[50]. En fait, il s'agit honnêtement d'éliminer du droit de vote les analphabètes. Les majeurs en tutelle sont également écartés.

### 1.2-Le suffrage universel

Le suffrage universel est utilisé pour la première fois en France pour l'élection de la convention en 1792 et au Congo-Kinshasa, en 1960. Le suffrage universel est celui qui est reconnu à tous les citoyens. De nos jours, l'universalité du suffrage demeure toujours limitée pour d'autres personnes n'ayant pas la majorité électorale de 18 ans, déchues du droit de vote ou radiées des listes électorales (majeurs en tutelle), etc.

### 2-L'égalité du suffrage

- Le suffrage est toujours égal. La démocratie s'oppose en effet à ce que certains citoyens disposent de plus de voix que d'autres ; elle s'oppose au suffrage multiple comme au suffrage plural.
- Le suffrage multiple permet à une seule personne de voter dans plusieurs circonscriptions (en vigueur en Grande-Bretagne en 1951).

---

[49] - KADA (Nicolas),"Lexique de Droit constitutionnel", op.cit.p.122.
[50]- AVRIL (Pierre) et GICQUEL (Jean),"Lexique de Droit constitutionnel", op. cit., p.115.

- Le suffrage plural permet à une seule personne de déposer plusieurs bulletins dans l'urne de sa circonscription (diplômés, propriétaires, chefs de famille, etc.).
- Le Gerrymandering est "un procédé de découpage électoral qui tire son appellation du nom d'un gouverneur du Massachusetts du début du XIX è siècle (GERRY), qui s'est illustré par un mode complexe et sophistiqué de délimitation des circonscriptions afin de maximiser les chances de son parti"[51]. Autrement dit, c'est un découpage arbitraire d'une circonscription électorale, sans rapport avec la géographie et destiné à favoriser outrageusement un parti.

**Quels sont les différents modes de scrutin utilisés pour le choix des gouvernants par les citoyens?**

## B- Les différents modes de scrutin

Un mode de scrutin n'est qu'une technique, un outil, permettant le passage du décompte des voix à la désignation des élus, c'est-à-dire il vise à "faire correspondre un nombre précis de suffrages exprimés lors d'une élection et les sièges à pourvoir"[52].

### 1-La distinction entre le scrutin direct et le scrutin indirect

- Le scrutin direct: "les électeurs désignent sans intermédiaire leurs élus: chaque électeur vote pour un candidat qui est directement susceptible de devenir député. Ce type de scrutin est utilisé pour les élections les plus importantes,

---

51- BADIE (Bertrand), BIRNBAUM (Pierre), BRAUD (Philippe) et HERMET (Guy),"Dictionnaire de la Science politique et ses institutions politiques", édition Armand Colin, Paris, 2005, p.137.
52 - KADA (Nicolas),"Lexique de Droit constitutionnel", op.cit.p.72.

notamment, presque toujours, pour l'élection de la première chambre"[53].

- Le scrutin est dit indirect lorsque certains élus sont choisis par d'autres élus désignés par les électeurs. Par exemple, les sénateurs.

### 2-La distinction entre le scrutin uninominal et le scrutin de liste (plurinominal)

Le scrutin uninominal est celui dans lequel l'électeur est appelé à voter pour un seul candidat dans chaque circonscription. Il peut être deux sortes : le scrutin uninominal à un tour et le scrutin uninominal à deux tours. On appelle le scrutin uninominal à un tour lorsque celui qui obtient" le plus de voix emporte le siège. Cela a l'avantage de la simplicité. Au plan global, il résulte souvent pour le parti arrivé en deuxième position une sous représentation par rapport à son total de voix. Quant aux autres partis, ils n'obtiennent presqu'aucun élu. Par ailleurs, la représentation géographique des partis influence beaucoup le résultat final dans la mesure où un petit parti très implanté peut être représenté, mais aussi où le parti ayant obtenu le plus de voix au plan national peut se voir privé de sa victoire car ses suffrages sont trop dispersés"[54] ; en revanche, le scrutin uninominal à deux tours ( c'est le cas de la France), lorsque la réussite au premier au premier tour est conditionné par l'obtention d'une majorité absolue des voix (avec parfois l'obligation de réunir un nombre minimal d'électeurs inscrits). Faute d'avoir atteint ce seuil, est organisé un deuxième tour.

D'une manière générale, le scrutin uninominal peut avoir deux listes : bloquée ou panachage. La liste est bloquée, lorsque les électeurs ne peuvent modifier les listes telles qu'elles sont présentées, ils doivent voter en faveur d'une liste complète. La liste est panachage, lorsque les électeurs sont autorisés à

---

[53] - VIALLE (Pierre) avec la collaboration de LAJOIE (Jean-Louis) et TOMASI (Jean-Paul),"Droit constitutionnel et Science politique. Tome 1 Théorie générale et régimes politiques étrangers", op.cit. p.120.

[54] - http://w.w.w.vie-publique.fr/decouverte_instit (documentation française).

composer eux-mêmes leur liste en empruntant éventuellement des noms sur plusieurs listes[55].

Le scrutin plurinominal ou de liste est celui dans lequel l'électeur est appelé à voter dans chaque circonscription pour plusieurs candidats. Ici, le vote peut être simple ou préférentiel. Le vote est simple lorsqu'il oblige l'électeur à respecter l'ordre de présentation des candidats sur la liste. Le vote est dit préférentiel lorsqu'il va permettre à l'électeur de changer cet ordre de présentation en inscrivant un numéro d'ordre en face du nom d'un, de plusieurs ou de tous les candidats. Si le panachage des listes est autorisé, sont élus ceux qui obtiennent le plus de voix.

### 3-Le scrutin majoritaire

Le scrutin majoritaire est un mode de scrutin privilégiant "la décision du pouvoir de suffrage en attribuant le (ou les) siège (s) à pourvoir dans la circonscription électorale au (ou aux) candidat (s) ayant recueilli la majorité des voix"[56].

Le scrutin majoritaire peut être scindé en trois : la majorité absolue, la majorité relative et la majorité qualifiée.

- La majorité absolue : est élu celui qui a obtenu plus de la moitié des votes (supérieur à 50%).
- La majorité relative : est élu celui qui a obtenu le plus de voix (inférieures à 50%).
- La majorité qualifiée: est élu celui qui a recueilli un certain pourcentage de votes. Par exemple, 32% au moins.

L'avantage de scrutin majoritaire, il permet la constitution de majorités parlementaires solides offrant une base stable au gouvernement surtout quand le scrutin est à un tour (bipartisme). Ici, le candidat ou la liste arrivant en tête dans une circonscription remporte le siège si c'est un scrutin uninominal ou l'ensemble des sièges si c'est un scrutin plurinominal de la circonscription. À l'inverse, le scrutin majoritaire à de deux tours qui est actuellement pratiqué en France produit des effets

---

55 - OLIVA (Éric),"Droit constitutionnel", op.cit.p.73.

56 - AVRIL (Pierre) et GICQUEL (Jean),"Lexique de Droit constitutionnel", op. cit., p.108.

nuancés (multipartisme). Le désavantage de ce scrutin majoritaire à de deux tours, ce qu'il est inéquitable car il ne permet pas la représentation de petits partis politiques contrairement à la représentation proportionnelle.

### 4-La représentation proportionnelle

Elle assure à chaque parti politique un nombre de sièges proportionnel au nombre de voix qu'il a obtenu par chaque liste. Elle peut être intégrale ou approchée.

- La représentation proportionnelle intégrale: il existe une seule circonscription regroupant l'ensemble de sièges à pourvoir. Les listes présentent dès lors autant de "candidats que de sièges à pourvoir et la répartition se fait ensuite proportionnellement aux suffrages obtenus. Si ce système permet une représentation de toutes les sensibilités, il avalise néanmoins une suprématie totale des partis politiques qui élaborent les listes et garantit quasiment l'élection des premiers candidats de chaque liste"[57] contrairement aux candidats positionnés en fin de listes qui n'ont aucune chacune d'être élus.
- La représentation proportionnelle approchée: celle qui répartit les restes à l'intérieur des circonscriptions, ce qui entraîne, pour les listes, des voix non représentées dans les circonscriptions où elles ont été en compétition.

Il existe deux méthodes[58]:

- La répartition aux plus forts restes: on attribue les sièges restants aux listes présentant les restes de suffrages non comptabilisés les plus importants, ce qui favorise généralement la représentation du plus grand nombre de listes;
- la répartition à la plus forte moyenne: on opère un calcul fictif qui consiste à diviser, pour chacune des listes, le

---

57 - KADA (Nicolas),"Lexique de Droit constitutionnel", op.cit.p.109.

58 - KADA (Nicolas),"Lexique de Droit constitutionnel", op.cit.pp.109-110.

montant des suffrages obtenus par le nombre de sièges déjà attribués auquel on rajoute un. Ce qui permet de privilégier les listes arrivées en têtes des suffrages.

### Que dire de scrutin majoritaire par rapport à la Représentation proportionnelle ?

Les débats autour des modes de scrutin s'expliquent souvent par la difficulté de concilier plusieurs buts. Pour les proportionnalistes, un système électoral doit donner une image fidèle de la situation politique ; pour les majoritaires, il vise à désigner une majorité d'élus capable de gouverner. Au-delà de la répartition des sièges, le choix du mode de scrutin influence donc la vie politique.

Les scrutins proportionnels conduisent souvent à une pesanteur du système politique, les partis étant indépendants les uns et des autres et stables, et les partis charnières y jouant un rôle important. Le scrutin majoritaire à un tour favorise, lui, les alternances, mais entre seulement deux partis. Le scrutin majoritaire à deux tours a la souplesse de l'alternance avec plus de partis incités à conclure des alliances[59].

Les scrutins proportionnels rendent difficile l'émergence d'une majorité stable et cohérente, faisant primer une logique de coopération des partis (les partis se partagent le pouvoir comme les sièges). Les élus craignent moins une dissolution que dans le scrutin majoritaire, donc ils n'hésitent pas à renverser le gouvernement. À l'inverse, les scrutins majoritaires conduisent le plus souvent à l'apparition de majorités stables, fondées sur un affrontement avec l'opposition (la coalition qui l'emporte gouverne seule) et au prix d'une injustice dans la représentation. Les deux types de modes de scrutin correspondent donc aussi à une conception de la vie politique[60].

---

[59] - http://w.w.w.vie-publique.fr/decouverte_instit (documentation française).

[60] - http://w.w.w.vie-publique.fr/decouverte_instit , op.cit.

## Section 3: La séparation des pouvoirs

### A-L'observation générale sur la séparation des pouvoirs

La séparation des pouvoirs est un principe qui tend à éviter les excès du pouvoir en confiant l'exercice de celui-ci non à un organe unique, mais à plusieurs organes, chargés chacun d'une fonction différente et en mesure de se faire mutuellement contrepoids. La théorie de la séparation des pouvoirs a été envisagée par LOCKE (1632-1704) dans son " Essay on the Governement" (1690). En réaction contre l'absolutisme royal, voué à la confusion des pouvoirs, MONTESQUIEU (1689-1755) propose un gouvernement (régime) modéré et libéral qui permettait "l'épanouissement de la liberté politique. À partir des études effectuées sur des régimes anciens et actuels, il arrive à un constat important. Tout homme ou tout organisme qui dispose d'un certain pouvoir a tendance à en abuser et à mettre en péril cette liberté. Pour éviter ces abus, MONTESQUIEU pense qu'il faut que par la disposition naturelle des choses, le pouvoir arrête le pouvoir"[61]. Il veut éviter la concentration des pouvoirs symbolisée à l'époque par la monarchie absolue. Mais plus qu'une simple séparation des pouvoirs, MONTESQUIEU préconise le contrepoids des pouvoirs. Ceci dit, au Chapitre VI de" l'Esprit des Lois", il fait la distinction classique des pouvoirs législatif, exécutif et judiciaire. Mais cette séparation des pouvoirs doit être double une séparation fonctionnelle ou technique et une séparation organique.

- Une séparation fonctionnelle: chaque pouvoir ne doit exercer qu'une seule fonction, sans partage et sans interférer dans l'exercice d'un autre pouvoir.
- Une séparation organique: chaque pouvoir doit être indépendant de l'autre et ne pas intervenir dans la désignation ou la révocation de représentants des autres pouvoirs. Selon les époques et les pays, la théorie de la séparation des pouvoirs a été comprise différemment. On peut interpréter la théorie de la séparation des pouvoirs de deux façons: une séparation stricte ou rigide des pouvoirs et une séparation souple des pouvoirs.

---

[61] - jurisfac.org

### B-Une séparation stricte ou rigide des pouvoirs: le régime présidentiel

Le régime de séparation stricte ou rigide des pouvoirs est un système dans lequel le pouvoir exécutif et législatif collaborent et s'immiscent entre les pouvoirs. Le régime présidentiel est habituellement illustré par l'exemple américain.

**Quels sont les critères d'un régime présidentiel? Quelle est la pratique du régime présidentiel aux États-Unis?**

#### 1-Les critères d'un régime présidentiel

#### 1.1-La spécialisation des pouvoirs

La spécialisation des pouvoirs suppose que le pouvoir législatif appartient au parlement qui détient la fonction législative, contrairement à l'exécutif dont le pouvoir est détenu par le chef de l'État. Il convient de souligner l'inexistence de Premier ministre dans la séparation stricte des pouvoirs. Le chef de l'État est en même temps le chef de l'équipe gouvernementale (le cas des États-Unis). Autrement dit, la spécialisation implique que "chacun des organes est étroitement spécialisé dans la fonction que lui attribue la constitution. On interdit ainsi tout rapport permettant à un organe chargé d'une fonction donnée d'intervenir dans l'exercice d'une fonction réservée à un autre organe. Chacun est compétent pour accomplir une fonction déterminée et il n'est pas autorisé à s'immiscer dans la fonction de l'autre. Le pouvoir législatif est compétent pour légiférer et seulement pour légiférer. Le pouvoir exécutif est compétent pour exécuter les lois et seulement pour cela"[62]. Le pouvoir judiciaire est compétent pour dire le droit et si nécessaire l'interpréter et seulement pour cela.

---

[62] - http://ph.segur.free./separation .pouvoirs.html

### 1.2-L'indépendance des pouvoirs

L'indépendance des pouvoirs signifie que chacun des organes ne peut avoir d'influence sur la désignation ou sur l'existence de l'autre. L'exécutif et le législatif émanent du suffrage universel. L'on remarque l'absence de la responsabilité entre les pouvoirs : le chef de l'État est élu indépendamment du parlement au parlement, souvent au suffrage universel direct. La prohibition du droit de dissolution qui permet au pouvoir exécutif de porter atteinte au pouvoir législatif en provoquant des élections parlementaires anticipées et en renvoyant les représentants devant les électeurs ; l'inexistence de la mise en jeu de la responsabilité politique du gouvernement qui permet au pouvoir législatif de destituer le gouvernement en le forçant à démissionner.

Ceci signifie que les membres du gouvernement sont irresponsables devant le parlement, mais les ministres sont responsables devant le chef de l'État. Le gouvernement ne dépend que de lui et n'a pas besoin de la confiance du parlement. Le chef de l'État n'a aucun pouvoir de dissoudre le parlement. L'exécutif et le législatif doivent donc cohabiter jusqu'au terme de leurs mandats.

## 2-La pratique du régime présidentiel aux États-Unis

Régime né aux États-Unis, qui fait une application stricte de la séparation des pouvoirs, "la rigidité de principe de ce régime a conduit dans d'autres pays soit au blocage des institutions soit à la domination d'un pouvoir sur un autre. Le succès des États-Unis s'explique par l'existence des techniques relativisant la rigidité de la pouvoir"[63] :

**2.1-Le président a un droit de veto**: Il peut menacer de faire usage pour orienter le débat législatif. Dans les faits, il

[63] - JURIFICHE,"Droit constitutionnel (1)", op.cit.

exerce un pouvoir d'initiation des lois en proposant des mesures au Congrès.

**2.2-Le Congrès**: en droit international, "le Congrès désignait l'assemblée de ministres plénipotentiaires pour régler des questions de droit.

Le terme Congrès est surtout utilisé par la constitution américaine pour désigner l'ensemble des deux chambres, Sénat et chambre des Représentants. Il équivaut alors au mot français parlement"[64]. Le Congrès s'immisce dans la fonction législative en votant le budget, en ratifiant les traités (prérogative reconnue au Sénat) et approuvant certaines nominations proposées par le président (Juges de la Cour suprême).

### 2.3-La responsabilité pénale du président devant le Congrès

Le Congrès dispose d'un moyen de mettre en œuvre la responsabilité pénale du président par ce qu'on appelle l'impeachment. "Il est une procédure parlementaire de destitution du président, du Vice-président et des fonctionnaires fédéraux qui existe aux États-Unis et que certains projets de révision constitutionnelle envisagent d'introduire en France, afin de pallier les carences et limites actuelles à la mise en jeu de la responsabilité personnelle du chef de l'État pendant l'exercice de son mandat, le cas de la Haute Cour de Justice"[65].

Aux États-Unis, le Congrès peut donc mettre en accusation l'exécutif et prononcer "l'impeachment" des plus hautes autorités de l'État pour "trahison, corruption, crime contre la chose publique ou délit grave "(art. II-sec.4 de la constitution fédérale américaine). C'est alors la chambre des Représentants qui décide de l'inculpation et le Sénat s'érige, quant à lui, en Haute Cour présidée par le Chief justice de la Cour suprême

---

[64] - DUHAMEL (Olivier) et MENY (Yves),"Dictionnaire constitutionnel", Puf, Paris, 1992, p.195.
[65] - KADA (Nicolas),"Lexique de Droit constitutionnel", op.cit.p.57.

fédérale. Il peut alors prononcer la destitution du président, tout en laissant ouverte la possibilité de poursuites judiciaires.

C'est "une procédure audacieuse, caractéristique d'un déséquilibre réel des pouvoirs, mais finalement rarement utilisée: ainsi le président NIXON a-t-il préféré démissionner, dans l'affaire du Watergate, plutôt que de risquer une procédure d'impeachment"[66]. Le procès intenté à Bill CLINTON, à raison de comportements privés, a abouti à son acquittement, en février 1999. Ce qu'il faut retenir de ces deux procédures, qu'elles conservent un caractère politico- judiciaire ambigu.

**2.4-Le" parlementarisme de couloir"** permet des échanges entre les parlementaires et le président pour fédérer des majorités de circonstances qui acceptent de voter les propositions du président"[67].

## C-La séparation souple: le régime parlementaire

Le régime parlementaire est né en Grande-Bretagne au XVIII$^{e}$ siècle, puis exporté. Le régime de séparation souple des pouvoirs se caractérise par une collaboration équilibrée entre les pouvoirs, où le gouvernement et le parlement ont des domaines d'action communs (par exemple, l'initiative des lois) et l'existence de modes de sanction réciproques.

**Quels sont les critères du régime parlementaire? Quelle est la classification de régime parlementaire?**

### 1-Les critères du régime parlementaire

#### 1.1-Les organes

Ils se composent de l'exécutif et du parlement.

- L'exécutif est dualiste et bicéphale. Il est dualiste, parce qu'il se décompose en deux éléments essentiels: le chef de

---

[66] - KADA (Nicolas),"Lexique de Droit constitutionnel", op.cit.p.57.
[67] - JURIFICHE,"Droit constitutionnel (1)", op.cit.

l'État et le gouvernement. "Il est presque toujours bicéphale, parce qu'il y a un chef du gouvernement qui est qualifié différemment selon les lieux et les époques : Premier ministre en Grande-Bretagne et en France, Chancelier en Allemagne, président du Conseil en Italie et président du gouvernement en Espagne"[68]. Un chef de l'État est politiquement irresponsable et dans certaines États dispose d'attributions souvent protocolaires (par exemple, la reine en Grande-Bretagne, le président allemand, etc.). Un gouvernement est titulaire de la fonction exécutive, seul ou avec le chef de l'État et dont le chef est généralement choisi par le chef de l'État au sein de la majorité parlementaire.

- En ce qui concerne le parlement, il est à la fois puissant et titulaire de la fonction législative, et est souvent composé de deux chambres (bicamérisme). La première chambre est élue au suffrage universel et représente l'ensemble du peuple (députés) et la seconde chambre (sénateurs) peut être chargée de représenter les États fédérés dans un système fédéral (le cas de l'Allemagne) ou les régions dans un État fortement décentralisé (les cas de l'Espagne, Italie, etc.).

### 1.2-Des pouvoirs de sanctions réciproques[69]:

- Le gouvernement (ministres et Premier ministre) est politiquement responsable devant le parlement qui peut l'obliger à démissionner, soit à l'initiative du gouvernement lui-même (question de confiance par laquelle le gouvernement fait pression sur l'assemblée et menace de démissionner si celle-ci rejette le texte qu'il lui propose) soit sur l'initiative parlementaire (motion de censure = motion par laquelle une assemblée met en cause la responsabilité du gouvernement, son adoption entraîne la démission de celui-ci).

---

[68] - http://ph.segur.free./separation .pouvoirs.html

[69] - JURIFICHE,"Droit constitutionnel (1)", op.cit.

- Le gouvernement (ou le chef de l'État) dispose du pouvoir de dissoudre l'assemblée, ce qui permet de faire ainsi contrepoids au pouvoir de révocation de la chambre en la dissuadant d'en user sous peine de dissolution. La dissolution permet également à l'exécutif d'éliminer une majorité qui lui est opposé ou de faire arbitrer par les urnes un conflit entre la chambre et le gouvernement ou encore de mettre fin à une assemblée ingouvernable car trop divisée.

**2-La classification de régime parlementaire**

Il existe deux régimes parlementaires: le régime parlementaire moniste et le régime parlementaire dualiste.

**2.1-Le régime parlementaire moniste**

Le régime parlementaire signifie que "le chef du gouvernement assume la responsabilité de sa politique devant la seule chambre.

**2.2-Le régime parlementaire dualiste**

Le régime parlementaire dualiste est une variété de régime parlementaire dont le chef du gouvernement est à la fois du parlement dont il est l'émanation. Il n'a aucune responsabilité devant le chef de l'État, qui préside ou règne mais ne gouverne pas. C'est le cas en Grande-Bretagne, en Allemagne, en Italie, en Espagne… et ce fut le cas en pratique en France sous les III$^{e}$ et IV$^{e}$ Républiques"[70]. Autrement dit, le chef du gouvernement accapare généralement l'essentiel du pouvoir exécutif, le chef de l'État n'ayant qu'un rôle protocolaire.

Le gouvernement est responsable devant le parlement et devant le chef de l'État: Le premier peut le renverser, le second peut le démettre de ses fonctions ou lui demander de démissionner.

---

[70] - KADA (Nicolas),"Lexique de Droit constitutionnel", op.cit.p.104.

En conclusion, la classification a une valeur relative car certains régimes sont mixtes : il y a l'existence d'un mélange d'éléments de différents types de régimes. Le cas le plus frappant est celui de la France, car elle est un régime parlementaire avec des ingrédients du régime présidentiel.

## Section 4: La confusion des pouvoirs

Certains régimes se caractérisent par une concentration des pouvoirs au profit d'un seul organe ou d'une seule personne. La confusion des pouvoirs peut se scinder en deux: la confusion des pouvoirs au profit du parlement et la confusion des pouvoirs au profit de l'exécutif.

### A- La confusion des pouvoirs au profit du parlement

La confusion des pouvoirs au profit du parlement est ce régime communément appelé "régime d'assemblée" ou aussi "régime conventionnel" qui concentre les fonctions législative, exécutive et juridictionnelle. Le régime d'assemblée se caractérise par la subordination de l'exécutif à l'assemblée (au législatif). Dans le régime d'assemblée, le parlement est monocaméral, sauf dans le cadre du fédéralisme. Le parlement est maître sur toute la ligne. La démocratie et la République s'épanouissent et se résument dans le parlement. L'assemblée désigne l'exécutif, peut le révoquer, mais ne risque pas d'être dissoute par lui ; elle peut même annuler la décision prise par l'exécutif. Ce pouvoir appartient tant à la chambre des députés qu'au Sénat.

Ce régime a servi "de modèle dans la constitution soviétique de 1977 dans laquelle tous les organes provenaient de la chambre élue et du parti communiste. La présence de ce régime se justifie par le besoin d'unifier le pouvoir pour renforcer l'unité de l'État. Ce fut le cas de la France, confrontée à la crise révolutionnaire, et de l'U.R.S.S., au nom de l'effort de construction de la société communiste et de l'unité du parti"[71]. Aujourd'hui, seul le régime helvétique s'en rapproche.

Dans son évolution, ce régime peut connaître des difficultés à se maintenir, car "il aboutit souvent à une confiscation du pouvoir au profit d'un petit groupe ou d'un seul homme, qui parvient à subjuguer l'assemblée (...). Cela joue surtout dans les périodes de crise, où l'assemblée, avec la lenteur de ses débats, ne peut faire face aux situations d'urgence ; si bien que cela ouvre parfois la porte à une pratique où l'exécutif est prépondérant"[72].

En conclusion, "le régime de confusion des pouvoirs, très souvent issu de circonstances historiques particulières, est un régime attentatoire aux libertés car l'organe investi seul d'une formidable puissance, ne trouve aucun contrepoids pour le freiner"[73].

### B- La confusion des pouvoirs au profit de l'exécutif

La confusion des pouvoirs au profit de l'exécutif est un régime où la prédominance de l'exécutif sur le législatif est omniprésente. On parle de césarisme, un régime politique ordonné autour d'une seule personne, qui s'abandonne à sa volonté. Le terme est synonyme de despotisme ou autocratie, de présidentialisme, de dictature, de régime autoritaire, etc. La confusion des pouvoirs au profit de l'exécutif peut s'identifier aux régimes dictatoriaux. Il existe une variété des régimes dictatoriaux qui sont nés des situations très différentes (monarchie, fascisme, parti unique, force armée, le sous-développement...). Souvent, ces régimes font basculer le pouvoir des autorités civiles aux autorités militaires en cas d'une crise grave.

---

71 - SAINT-JAMMES (Virginie),"Droit constitutionnel", éditions Bréal, Rosny- sous-bois, 2001, p.63.
72 - SAINT-JAMMES (Virginie),"Droit constitutionnel", op.cit., p.64.
73 - OLIVA (Éric),"Droit constitutionnel", op.cit.p.91.

En ce qui concerne l'élaboration de la loi, "le parlement devient une chambre d'enregistrement, en se contentant d'approuver les initiatives de l'exécutif ; dans le cas de la Grande-Bretagne, la chambre des communes ne contrôle plus l'action du cabinet. Elle la soutient sans faille. La responsabilité de l'exécutif devant le législatif s'efface"[74].

[74] - DOLEZ (Bernard),"Institutions politiques", éditions Litec, Paris, 1998, p.71.

# DEUXIÈME PARTIE:L'ANALYSE DES POUVOIRS EXÉCUTIFS SOUS LA 1RE RÉPUBLIQUE ET LA 3E RÉPUBLIQUE EN RDC

Cette seconde partie permet non seulement d'étudier les pouvoirs exécutifs sous la première République et la troisième République de la République démocratique du Congo, mais surtout de comprendre le mode de scrutin.

Les deux exécutifs sous la première République et la troisième République donnent au chef de l'État des pouvoirs traditionnels qu'il exerce en permanence et des pouvoirs exceptionnels qu'il prend dans des circonstances importantes ou graves.

La deuxième partie dissèque trois chapitres:

- le quatrième chapitre est relatif aux généralités sur le pouvoir exécutif;
- le cinquième chapitre examine le pouvoir exécutif sous la 1re République de la RDC;
- enfin, le sixième chapitre est consacré au pouvoir exécutif sous la 3e République de la RDC.

# CHAPITRE IV: Généralités sur le Pouvoir exécutif

## Section 1: Observation générale

### A-Étymologie de l'exécutif:

Exécuter, venant du latin *exsequor*, poursuivre continuer, achever, mener à bout, exécuter, effectuer. Le terme «exécutif» est porteur de multiples sens, mais sur le mode mineur, cela évoque celui qui met en œuvre, sans avoir l'initiative. Ainsi l'article 92 de la constitution de la troisième République dit que du Premier ministre qu'il assure l'exécution des lois.

### B-Définition de l'exécutif

**Exécutif**: adjectif, qui est chargé de la mise en œuvre des loi s et de leur application, qui est relatif à leur exécution. Il est très important de savoir que l'exécution des lois comporte le droit, et même parfois le devoir, d'expliciter les dispositions qui restent trop générales, sous réserve de ne pas contredire la lettre ou l'esprit du texte législatifs ou de ne pas excéder la délégation que celui- ci a pu prévoir.

Et cet «exécutif» répond aux critères dégagés ci-dessus pour être qualifié de pouvoir:

- il est indépendant de tout autre pouvoir dans son origine: l'élection du président de la République au suffrage universel, et pour une durée de cinq ans, sans oublier que la constitution du gouvernement est la seule volonté du président;
- il dispose d'une marge d'action autonome, tant sur le plan intérieur que vis-à-vis de l'étranger, même si, comme il est normal, le gouvernement est soumis au contrôle du parlement.

## Section 2- Le pouvoir exécutif

Dans un État, le pouvoir exécutif ou, par raccourci, l'exécutif désigne le pouvoir chargé d'exécuter les lois, de définir les règles nécessaires à leur application et de gérer les affaires courantes de l'État. Avec le pouvoir législatif et le pouvoir judi ciaire, il est l'un des trois pouvoirs constituant un État. En République démocratique du Congo, le pouvoir exécutif est détenu par le président de la République, le Premier ministre et son gouvernement.

### A-Principales missions du pouvoir exécutif

- faire respecter la loi et l'ordre public
- édicter des règlements, décrets ou arrêtés,
- concevoir et diriger la politique de la nation,
- conduire la politique étrangère de l'État,
- diriger l'armée, -
- diriger les services publics...

Le pouvoir exécutif dispose de pouvoirs spécifiques, parfois qualifiés de discrétionnaires, avec des décisions prises directement sans le consentement du parlement, notamment dans le cas de crise ou d'urgence nécessitant une action rapide. En outre, contrairement au pouvoir législatif, les délibérations du pouvoir exécutif ne sont accessibles ni au public ni aux médias.

Cependant, il est utile de connaître que la complexification de la société moderne et la recherche d'efficacité se sont traduites en matière constitutionnelle par la montée en puissance de l'exécutif. À ce propos, JURIFICHE «Droit constitutionnel I, Paris, 2004» établit une distinction entre les organes de l'exécutif et la responsabilité de l'exécutif.

### B-Les organes de l'exécutif et la responsabilité de l'exécutif

#### 1-Les organes de l'exécutif

- **Exécutif moniste:** un seul organe (comme le président aux USA) détient le pouvoir exécutif sans partage (ses secrétaires d'État n'ayant aucun pouvoir). Cet organe peut être un individu (roi) ou être collégial (directoire).
- **Exécutif dualiste:** deux organes détiennent chacun une part du pouvoir exécutif: un chef de l'État et un gouvernement.

#### 2- la responsabilité de l'exécutif

La responsabilité de l'exécutif est au nombre de deux: politique et pénale.

##### 2.1. Responsabilité politique

Le chef de l'État n'est généralement pas politiquement responsable et ne peut être contraint à la démission par l'assemblée (République démocratique du Congo) quelles que soit ses attributions. Les ministres sont eux politiquement responsables: le gouvernement peut être renversé en cas de vote d'une motion de censure à l'initiative de l'Assemblée nationale. Il existe également la "**question de confiance**", à l'initiative du gouvernement qui engage sa responsabilité sur un programme ou sur une déclaration de politique générale. Dans la pratique, le gouvernement ne pose la question de confiance que s'il est sûr d'obtenir une réponse positive ou s'il veut affermir la cohésion des députés qui le soutiennent. Enfin, l'**engagement de responsabilité** du gouvernement sur un texte qui permet à celui-ci de forcer son adoption, sauf si l'Assemblée nationale est prête à le renverser.

### 2.2. Responsabilité pénale

Le chef de l'État et les ministres sont pénalement responsables. Il n'est pénalement responsable des actes accomplis dans l'exercice de ses fonctions qu'en cas de haute trahison ou de violation intentionnelle de l'acte constitutionnel.

# CHAPITRE V: Le pouvoir exécutif congolais sous la $1^{re}$ République

Affaibli par des querelles politiques stériles, la première République s'avère incapable de faire face aux difficultés nées dans les différentes rébellions et les incompréhensions politiques répétitives entre le président de la République et le Premier du ministre.

Cependant, l'exécutif congolais sous la première République est bicéphale, il comprend un président de la République, chef de l'État, et un gouvernement avec sa tête le Premier ministre. La prépondérance du premier sur le second s'exerce aussi bien à partir des textes que dans la pratique. La Loi fondamentale du 19 mai 1960 marque la primauté de la fonction présidentielle au détriment de la fonction gouvernementale, ce qui est la pièce maîtresse de cette constitution.

Ce chapitre est scindé en deux sections: le président de la République et le gouvernement sous la première République.

## Section 1-Le président de la République sous la première République en République démocratique du Congo

Le **président de la République** désigne le **chef d'État** des pays ayant choisi une **constitution républicaine**. La dénomination officielle varie selon les pays: président de la République française, président des États-Unis, président fédéral (Allemagne)...Selon la constitution du pays, le président de la République est élu soit: au **suffrage universel direct** par l'ensemble des électeurs (France, $V^e$ République et République démocratique du Congo, $III^e$ République); au **suffrage indirect**, par le **parlement** (France, $III^e$ et $IV^e$ République) ou par un **collège électoral** élu au suffrage universel (États-Unis) ou indirect (France, élection de 1958 et la République démocratique du Congo en 1960).

### A- Le statut du président de la République

#### 1-L'élection du président de la République

Les principes de l'élection du président de la République sont définis par les constituants belges dans la Loi fondamentale du 19 mai 1960. Le président de la République est élu par un collège qui réunit les députés et les sénateurs.

Concrètement avec la Loi fondamentale du 19 mai 1960, le président de la République est élu à un suffrage à deux degrés, puisqu'il est élu par un corps électoral qui comprend les députés et les sénateurs. Selon la loi du 19 mai 1960, le président de la République est élu pour cinq ans à la majorité des deux tiers de tous les membres qui composent les deux chambres réunies, soit la chambre des Représentants et le Sénat.

Son élection s'effectue dans les quarante-huit heures qui suivent la désignation du président du Sénat et la constitution définitive de son bureau. La chambre de Représentants et le Sénat se réunissent en assemblée commune sous la présidence du plus âgé des présidents des chambres.

Les modalités étant déterminées, cette assemblée commune se prononce sur le choix du président de la République. Si aucune majorité n'est atteinte conformément à l'article 12 de la loi fondamentale, dans un délai de huit jours à dater de la réunion des chambres en assemblée commune, la fonction de président de la République est provisoirement assurée par le président du Sénat.

#### 2- La responsabilité du président de la République

La responsabilité du président de la République ne peut pas être mise en cause. Cela est tout à fait vrai pendant la durée de son mandat. Sa personne est inviolable ; il n'est pas politiquement responsable de ses actions devant la chambre des Représentants et le Sénat. Seuls le Premier ministre et les ministres sont responsables devant le parlement. En termes clairs, la responsabilité politique du gouvernement étant l'élément caractéristique d'un régime parlementaire dualiste, celui-ci est politiquement responsable devant le chef de l'État, mais surtout devant le parlement.

### B- Les attributions du président de la République

Selon l'article 21 de la constitution, le président de la République n'a d'autres pouvoirs que ceux qui lui attribuent formellement la présente loi. Il n'exerce ces pouvoirs et notamment ceux repris aux articles 16, 22 à 32, que dans les conditions prévues aux articles 17, 19 et 20 contresignés par le Premier ministre et, le cas échéant, par les ministres responsables. Parmi les attributions du président de la République, il faut donc citer:

#### 1- Les pouvoirs généraux du président de la République

Les pouvoirs attribués au président de la République par la Loi fondamentale du 19 mai 1960 sont très importants.

- Il veuille au respect de la Loi fondamentale et au fonctionnement régulier des pouvoirs publics.
- Il est garant de l'intégrité du territoire, de l'indépendance nationale. Il est chef des armées.
- Sur proposition du gouvernement ou deux assemblées, il peut soumettre au référendum, c'est-à-dire au vote de l'ensemble des électeurs, certains projets de lois.

### 2- Les pouvoirs vis-à-vis du gouvernement

Ces pouvoirs sont prévus par la Loi fondamentale du 19 mai 1960. Notamment:

Il nomme le Premier ministre et, sur la proposition de celui-ci, les autres membres du gouvernement (ministres, secrétaires d'État).

Sur présentation par le Premier ministre de la démission de son gouvernement, il met fin aux fonctions du Premier ministre et des membres du gouvernement.

Il préside le Conseil des ministres.

Il signe les ordonnances.

Il nomme les hauts fonctionnaires.

### 3- Les pouvoirs vis-à-vis du parlement

Dans ses relations avec le parlement, le président de la République exerce des pouvoirs propres en ce qui concerne la promulgation des lois votées par le parlement et la dissolution de l'Assemblée nationale.

### 4- Les pouvoirs vis-à-vis du pouvoir judiciaire

Selon la Loi fondamentale du 19 mai 1960, le président de la République est garant de l'indépendance de la justice. Il a droit de faire grâce.

## C- La vacance du président de la République ou impossibilité d'exercer ses fonctions

En cas de vacance, le Premier ministre, après délibération en conseil des ministres, convoque le parlement dans les plus brefs délais et, au plus tard, dans les trente jours. Il en est de même dans le cas d'une impossibilité d'assumer ses fonctions. Dans les deux cas, dès la convocation des chambres, le conseil des ministres assume les fonctions de président de la République.

La vacance ou cette impossibilité étant constatée, la chambre des représentants et le Sénat réunis procèdent à la désignation d'un nouveau président de la République, à la majorité de deux tiers de tous les membres présents. Si aucune majorité ne se dégage, dans un délai de trente jours de la réunion des chambres en assemblée commune, la fonction du président de la République est momentanément assumée par le président du Sénat conformément aux articles 13 et 33 de la constitution. Il ne prend fonction qu'après avoir prêté devant la chambre des représentants et le Sénat réunis et en présence du gouvernement, le serment:« je jure d'observer les lois de la nation congolaise, de maintenir l'indépendance nationale et l'intégrité du territoire ».

## Section 2- Le gouvernement congolais sous la première République

Le gouvernement est l'organe (personnes ou services) investi du pouvoir exécutif afin de diriger un État. Dans les États modernes, c'est la constitution qui définit les modalités de désignation des membres du gouvernement (les ministres).

Cet organe collégial qui réunit le Premier ministre et tous les ministres et secrétaires d'État, c'est l'organe le plus important de la loi fondamentale du 19 mai 1960. Il comprend au moins un membre de chaque province.

### A- La nomination du Premier ministre

Dans un régime parlementaire dans lequel le pouvoir exécutif est confié à un gouvernement constitué de ministres, le Premier ministre est généralement le chef du gouvernement dont il coordonne et conduit la politique. Le Premier ministre est rarement le chef de l'État, cette fonction étant dévolue à un président ou à un monarque. Dans une démocratie, c'est généralement le chef de l'État qui nomme formellement le Premier ministre.

La terminologie du chef du gouvernement peut varier selon les pays.

Exemples:

- Chancelier en Allemagne et en Autriche -
Président du conseil en Italie (en France sous les III$^e$ et IV$^e$ Républiques)
Président du gouvernement en Espagne et en Russie
- Président du conseil des ministres en Pologne, etc.

À l'aube de l'indépendance, la nomination du Premier ministre est l'affaire du roi. Après la proclamation officielle des résultats des élections pour la chambre des représentants et le Sénat, le premier gouvernement est constitué de la manière suivante:

- se rapportant aux résultats des élections et après consultations des principaux groupes et personnalités politiques, le roi des Belges procède à la désignation d'un formateur dont la mission essentielle consiste à constituer une équipe ministérielle capable d'obtenir la confiance du parlement;
- sur la proposition du formateur, le roi des Belges nomme le Premier ministre et les ministres. Le formateur ne devient pas nécessairement Premier ministre. Il peut former une équipe gouvernementale qu'un autre dirigera. Mais il faut savoir que la loi fondamentale offre au Congo un régime parlementaire classique. Le gouvernement est responsable devant le parlement.

L'article 48 déclare que dans les trois jours de la nomination de ses membres, le premier gouvernement se présente devant le parlement en vue d'obtenir leur confiance. Ici, la confiance est un assentiment au moyen duquel le gouvernement parlementaire agit, en harmonie, avec la volonté majoritaire des assemblées. Elle est acquise à la majorité absolue des voix de tous les membres qui le composent conformément à l'article 42 de la loi fondamentale.

La tâche principale de ce premier gouvernement au 30 juin 1960 est de conclure avec le gouvernement belge un traité général d'amitié, d'assistance et de coopération.

Ce gouvernement devait négocier dans le cadre de ce traité, les conventions particulières à conclure entre le Congo et la Belgique portant sur les modalités de la coopération à intervenir, à partir du 30 juin entre ces deux États. Ce gouvernement est aussi celui qui est habilité à conclure avec le gouvernement belge des unions à intervenir entre le Congo et le territoire du Ruanda Urundi, notamment dans les domaines fiscal, monétaire, douanier, des postes, des télécommunications et de la radio.

### B- Les pouvoirs du Premier ministre et de son gouvernement

#### 1-Les pouvoirs du Premier ministre et la fin de ses fonctions

**Les pouvoirs du Premier ministre**

- il conduit la politique de l'État en accord avec le conseil des ministres qu'il préside;
- il dirige l'action du gouvernement;
- il peut déléguer certains de ses pouvoirs aux ministres ;
- il soumet au président de la République les propositions relatives à l'exercice du pouvoir réglementaire et à l'exécution des lois;
- sous la direction du Premier ministre, les ordonnances
- lois sont élaborées en conseil des ministres et préalablement soumises à la chambre de constitutionnalité. Si elles ne sont pas approuvées par les chambres dans un délai de six mois à dater de leur mise en vigueur, elles deviennent caduques;
- le gouvernement (Premier ministre, ministres et secrétaires) peut, pour l'exécution urgente de son programme, demander aux chambres l'autorisation, pour le président de la République, de prendre par ordonnances - lois et

pour une matière déterminée des mesures qui sont normalement du domaine de la loi.

### 1.2-La fin des fonctions de Premier ministre

Le président de la République met fin aux fonctions du Premier ministre, sur la présentation par celui-ci de la démission du gouvernement.

## 2- La fin des fonctions du gouvernement

Sur la présentation de la démission du gouvernement par le Premier ministre au président de la République, ce dernier met fin aux fonctions de tous les membres du gouvernement

## 3- Les ministres

Un ministre est un membre du gouvernement, agent du pouvoir exécutif, en charge d'un domaine de compétence (un portefeuille), qui dirige un ministère ou un département ministériel constitué d'administrations et de services publics. Il représente son ministère au sein du gouvernement et conduit la politique décidée par celui-ci dans son domaine

### 3.1-Les ministres sont investis d'une double fonction :

- **la fonction politique:** en tant que membre du gouvernement, les ministres participent à la redéfinition de la politique de l'État, notamment en siégeant au conseil des ministres;
- **la fonction administrative:** sous l'égide du Premier ministre, les ministres dirigent un département ministériel.

### 3.2-Les pouvoirs des ministres

Chaque ministre exerce un pouvoir hiérarchique sur les fonctionnaires de son ministère, qui doivent appliquer avec disciplines ses instructions. Il est responsable de l'organisation et le bon fonctionnement des services de son ministère. Enfin, il est chargé de préparer les décisions dans le domaine d'activité de son ministère.

### 3.3- Ce qu'on reproche aux ministres dans l'exercice de leurs fonctions

Un ministre ne peut ni traiter une affaire ni prendre part à une délibération à laquelle lui ou un de ses parents ou alliés, jusqu'au quatrième degré inclusivement, ont un intérêt personnel direct.

Les ministres ne peuvent faire l'objet de poursuites répressives qu'après avoir été mis en accusation par l'une des deux chambres. Seule juridiction compétente en la matière est la Cour de justice siégeant au Congo. Celle-ci sera composée de trois conseillers de la Cour de cassation de Belgique désignés par son Premier président, d'un membre du parquet général à la Cour de cassation désigné par son procureur général et d'un greffier désigné par le premier président. En ce qui concerne la condamnation d'un ministre par la Cour de justice, le président de la République ne peut faire grâce que sur l'accord de l'une ou l'autre chambre.

L'article 38 reconnaît que les ministres n'ont voix délibérative que dans la chambre dont ils sont membres. Ils ont leur entrée dans chacune des chambres et doivent être entendus quand ils le demandent. Les chambres peuvent requérir la présence des ministres.

## C- Des rapports entre le gouvernement et le parlement

Les différents points sur des rapports entre le gouvernement et le parlement sont:

- sur la légalité du gouvernement, il doit se présenter devant chacune des chambres en vue d'obtenir la confiance. Celle-ci est acquise à la majorité absolue des voix de tous les membres qui les composent (art.42) ;
- la responsabilité solidaire du gouvernement est mise en cause par le dépôt d'une motion de défiance. Ici, la motion de

défiance est une procédure liant le renversement d'un gouvernement à la désignation de son successeur. Une telle motion n'est recevable que si elle est signée par au moins un cinquième des membres de l'une ou de l'autre chambre. Le vote ne peut intervenir que quarante-huit heures après le dépôt de motion. Elle n'est adoptée que si elle recueille ou les deux tiers des voix des membres présents d'une des chambres ou, dans chacune des chambres, la majorité absolue des voix de tous membres qui la composent.

- si elle est adoptée, les ministres remettent leur démission au Premier ministre qui la transmet ainsi que la sienne au président de la République (art.44). Jusqu'à la formation d'un nouveau gouvernement, les affaires courantes sont traitées par le gouvernement démissionnaire;
- la responsabilité individuelle d'un membre du gouvernement est mise en cause par le dépôt de motion de censure. La censure d'un membre du gouvernement entraîne sa démission, mais non pas celle du gouvernement.

# CHAPITRE VI: Le pouvoir exécutif congolais sous la 3e République

Cette constitution de 18 février 2006 tranche avec les régimes précédents à cause de la place de l'exécutif qui est nettement revalorisé. Le président Joseph KABILA KABANGE voulait un exécutif fort, mais il n'y a pas de personnification du pouvoir politique. Le pouvoir n'est pas totalement identifié à la personne de celui qui l'exerce. Ce pouvoir exécutif est bicéphale (composé d'un président de la République et d'un Pre mier ministre qui dirige le gouvernement).

Dans la constitution du 18 février 2006, on s'aperçoit que tout le paragraphe premier dans ses articles 69 à 99 de la constitution est consacré au président de la République. C'est le paragraphe le plus long de la constitution. Dans la troisième République, le président de la République occupe une place primordiale et donc, le président de la République est la clé de voûte des institutions de la troisième République.

En ce qui concerne le pouvoir exécutif, il est scindé en deux:

- le président de la République;
- le gouvernement.

## Section 1- Le président de la République

Il est présenté comme la clé de voûte des institutions. Il occupe effectivement une place primordiale à part dans le paysage constitutionnel de la République démocratique du Congo; il est celui qui doit éviter le retour de tout risque de restauration dictatoriale au pays. Il assure par son arbitrage le fonctionnement régulier des pouvoirs publics ainsi que la continuité de l'État.

Par définition, le président de la République est un organe suprême de l'exécutif représentant l'État sur la scène internationale et investi d'une autorité morale ou régulatrice au sein des pouvoirs publics[75].

### A- Son élection

#### 1- Avant la révision constitutionnelle 2011

Le président de la République est élu pour cinq ans au suffrage universel direct. Il est élu à la majorité absolue des suffrages exprimés. L'élection a lieu au scrutin uninominal majoritaire à deux tours. Si celle-ci (la majorité absolue) n'est pas obtenue au premier tour du scrutin, il est procédé à un second tour, dans un délai de quinze jours. Le second tour est ouvert seulement aux deux candidats ayant réuni le plus grand nombre de suffrages exprimés. Si l'un des deux candidats se désiste, le scrutin est ouvert au candidat venant après l'ordre des suffrages exprimés.

Est déclaré élu au second tour, le candidat ayant recueilli la majorité des suffrages exprimés. Il n'est rééligible qu'une seule fois.

**Commentaire sur le quinquennat**

Le quinquennat permet de limiter le risque de cohabitation parce qu'avec le quinquennat on aligne la durée du mandat présidentiel sur la durée du mandat parlementaire. Les élections ont lieu dans la foulée Il y a donc peu de chance qu'on élise un Président de l'alliance de la majorité présidentielle et juste derrière une assemblée des partis de l'opposition.

---

[75]- CABRILLAC (Rémy), Dictionnaire du Vocabulaire juridique, édition LITEC, Paris, 2004, p.67.

**2- Après la révision constitutionnelle 2011**

Le scrutin mis en place le 18 février 2006 est donc modifié en 2011. La constitution de 2006 prévoit que le Président est élu au suffrage universel direct par le peuple, au scrutin uninominal majoritaire à deux tours. Sur les 337 députés ayant participé au vote (à main levée), 334 ont approuvé le principe d'une révision de la constitution, contre seulement 2 qui se sont abstenus, 1 seul ayant voté non. L'Assemblée nationale congolaise a donc déclaré recevable la proposition de loi relative à la révision de la constitution de la RDC, ouvrant ainsi la voie à un changement de mode de scrutin pour l'élection présidentielle, qui passerait de deux à un seul tour.

Il convient de souligner que le vote a eu lieu en l'absence des députés de l'opposition qui avaient quitté la salle afin de protester contre ce "tripatouillage de dernière minute".

En janvier 2011, l'Assemblée nationale et le Sénat congolais se sont prononcés en faveur de la proposition de loi portant révision de la constitution du 18 février 2006: entre autres, il faut savoir que c'est l'article 71 (qui définit le mode de scrutin présidentiel) a été révisé.

Quelque chose va se passer après la révision constitutionnelle. Le suffrage universel direct est maintenu, mais le scrutin uninominal à deux tours laisse place au scrutin uninominal à un tour. Avec la prolifération des partis politiques, il est très difficile que le président de la République soit élu à la majorité absolue des suffrages exprimés

**3- Conditions d'éligibilité** aux fonctions de président de la République: il faut être de nationalité congolaise d'origine et jouir de tous ses droits civiques et politiques, être âgé de 30 ans au moins, ne pas se trouver dans un des cas d'exclusion prévus par la loi électorale. Dans le contexte actuel, c'est-à-dire les élections présidentielles prévues le 31 juillet 2006, afin d'éviter les candidatures fantaisistes et moins sérieuses, la commission électorale indépendante a examiné les dossiers de tous les candidats. Il est vrai que de nombreux dossiers ont été écartés par manque de sérieux. Une fois les conditions sont réunies, chaque candidat doit s'acquitter d'une somme de 50 000 dollars.

**4- Financement de la campagne électorale**: les candidats sont tenus d'engager un certain montant de dépenses pour financer leur campagne. Hormis les sommes engagées par les candidats, l'article 6 de la constitution de la troisième République stipule que les partis politiques peuvent recevoir de l'État des fonds publics à financer leurs campagnes électorales ou leurs activités, dans les conditions prévues par la loi.

**5- Déroulement de la campagne**: pendant la campagne, les candidats doivent être traités de la même façon en termes de moyens de propagande (affichage…) et d'accès aux médias audiovisuels (même temps de parole, sous contrôle de CSAC). Le gouvernement en place ne peut en aucun cas avantager un candidat.

**6- L'entrée en fonction du président de la République**: le président de la République élu entre en fonction dans les dix jours après la proclamation officielle des résultats de l'élection présidentielle. Avant d'entrer en fonction, il prête devant la Cour constitutionnelle le serment suivant:

« Moi …élu président de la République démocratique du Congo, je jure solennellement devant Dieu et la nation:

- d'observer et de défendre la constitution et les lois de la République;
- de maintenir son indépendance et l'intégrité de son territoire ;
- de sauvegarder l'unité nationale;
- de ne me laisser guider que par l'intérêt général et le respect des droits de la personne;
- de consacrer toutes forces à la promotion du bien commun et de la paix;

- de remplir loyalement et en fidèle serviteur du peuple les hautes fonctions qui me sont confiées».

Il convient de souligner qu'avant l'entrée en fonction et à l'expiration de celle-ci, le président de la République et les autres membres du gouvernement sont tenus de déposer devant la Cour constitutionnelle la déclaration écrite de leur patrimoine familial, énumérant leurs biens meubles, y compris actions, parts sociales, obligations, autres valeurs, comptes en banque, et leurs biens immeubles, y compris terrains non bâtis, forêts, plantations et terres agricoles, mines et tous autres immeubles avec indication des titres pertinents (art.99).

En ce qui concerne le patrimoine familial, il inclut les biens du conjoint selon le régime matrimonial, des enfants mineurs, même majeurs, à charge du couple. Cette démarche étant effectuée, la Cour constitutionnelle communique cette déclaration à l'administration fiscale. Faute de cette déclaration, endéans les trente jours, la personne concernée est réputée démissionnaire.

Si cela n'a pas été honnêtement fait à son entrée en fonction, c'est-à-dire dans les trente jours suivant la fin des fonctions, faute de cette déclaration, en cas de déclaration frauduleuse ou soupçon d'enrichissement sans cause, la Cour constitutionnelle ou la Cour de cassation est saisie selon le cas.

### B- Les attributions du président de la République

Selon l'article 79 de la constitution, «les ordonnances du président de la République autres que celles prévues aux articles 78 alinéa premier 80, 84 et 143 sont contresignés par le Premier ministre». Parmi les attributions du président de la République, il convient donc de distinguer les pouvoirs reconnus à la fois au président de la République et au gouvernement (sous la conduite du Premier ministre) et ses pouvoirs propres. Ici le contreseing peut être considéré comme une seconde signature apposée à côté de celle de l'auteur d'un acte. Il constitue le second trait caractéristique d'un régime parlementaire. Cela signifie que «l'acte du chef de l'État est contresigné par le chef du gouvernement, qui accepte donc d'endosser la responsabilité. C'est une procédure d'ailleurs très logique dans la mesure où c'est bien ce dernier qui dispose de la véritable autorité dans un régime parlementaire classique»[76]. Dans certaines circonstances, les actes du Premier ministre sont contresignés, le cas échéant, par les ministres chargés de leur exécution qui sont ainsi associés à la décision.

**1-Les pouvoirs reconnus à la fois au président de la République et au gouvernement (sous la conduite du Premier ministre)**

Les pouvoirs reconnus à la fois au président de la République et au gouvernement sont ceux dont l'exercice nécessite le contreseing du Premier ministre. Cela suppose que le président de la République obtienne l'accord du Premier ministre.

Étant donné que le président de la République n'est pas politiquement responsable de ses ordonnances devant le parlement, celles-ci doivent normalement être contresignées par le Premier ministre qui en endosse la responsabilité devant le parlement. C'est ce qui explique qu'en régime parlementaire, les pouvoirs dont le chef de l'État est titulaire sont normalement exercés par le gouvernement qui est politiquement responsable devant le parlement, élu au suffrage universel, et disposant de la confiance des représentants du peuple souverain, qui peut l'obliger à démissionner, soit à l'initiative du gouvernement lui-même (question de confiance par laquelle le gouvernement fait pression sur l'assemblée et menace de démissionner si celle-ci rejette le texte qu'il lui propose), soit sur l'initiative parlementaire (motion de censure).

Les pouvoirs énumérés aux articles 78 alinéas, 80, 84 et 143 contresignés par le Premier ministre sont:

---

[76]- KADA (Nicolas), Lexique de Droit constitutionnel, éditions Ellipses, Paris, p.25.

- le président de la République nomme le Premier ministre au sein de la majorité parlementaire après consultation de celle-ci. Il met fin à ses fonctions sur présentation de démission du gouvernement (art.78 alinéa premier) ;
- le président de la République investit par ordonnance les gouverneurs et les vices gouverneurs de province élus, dans un délai de quinze jours conformément à l'article 198 (art.80) ;
- le président de la République confère les grades dans les ordres nationaux et les décorations, conformément à la loi (art.84) ;
- conformément aux dispositions de l'article 86 de la constitution, le président de la République déclare la guerre sur décision du conseil des ministres, après avis du conseil supérieur de la défense et autorisation des deux chambres (art.143). Il en informe la nation par un message. Ici le message est un acte du président de la République non contresigné par le chef du gouvernement, au moyen duquel il communique avec la nation.

**2- Les pouvoirs ou les attributions reconnus uniquement au président de la République**

Les pouvoirs ou les attributions reconnu uniquement au président de la République sont ceux ou celles que le président de la République exerce sans le contreseing du Premier ministre ou ministériel. Autrement dit, ce sont ceux ou celles pour l'exercice desquels le président de la République n'a pas à obtenir l'accord du gouvernement ou d'un ministre matérialisé par le contreseing. C'est l'un des progrès de cette constitution dans la fonction présidentielle.

**Les attributions propres au président de la République sont:**

- étant le chef de l'État, il est le gardien de la constitution;
- il incarne l'unité nationale et représente la nation;

- il est le garant de l'indépendance nationale, de l'intégrité du territoire, de la souveraineté nationale et du respect des traités et accords internationaux ;
- il promulgue les lois dans les conditions prévues par la présente constitution. Il statue par voie d'ordonnance.

**Remarque:** l'ordonnance est un acte réglementaire signé par le président de la République. Différemment à la loi qui est promulguée, une ordonnance est publiée.

- le président de la République nomme, relève de leurs fonctions et, le cas échéant, révoque, par ordonnance, les magistrats du siège et du parquet sur proposition du conseil supérieur de la magistrature ;
- il est le commandant suprême des forces armées. Il préside le conseil supérieur de la défense ;
- il exerce le droit de grâce. Il peut remettre, commuer ou réduire les peines ;
- il accrédite les ambassadeurs et les envoyés extraordinaires auprès des États étrangers et les organisations internationales. Les ambassadeurs et les envoyés extraordinaires étrangers sont accrédités auprès de lui.

### C- La responsabilité du président de la République

L'expression est nouvelle, car elle contredit toute une tradition qui veut que le chef de l'État n'ait pas à rendre compte des actes accomplis dans l'exercice de ses fonctions, sauf en cas de haute trahison. Cette responsabilité subsiste effectivement dans les régimes purement parlementaires, mais dans le pays où il est élu au suffrage universel, le président de la République s'engage naturellement sur un programme et répond de sa réalisation devant le peuple[77].

Il ne s'agit cependant pas là d'une responsabilité constitutionnellement organisée. Cela se comprend dans les régimes où, malgré son élection populaire, le chef de l'État a conservé le statut d'un arbitre encore obligé de faire

[77]- DUHAMEL (Olivier) et MENY (Yves), Dictionnaire constitutionnel, PUF, Paris, 1992, p.929.

contresigner la plupart de ses décisions par le gouvernement et ne pouvant être ni révoqué ni critiqué tout au long de son mandat présidentiel[78].

Partant de cette explication, il faut distinguer deux responsabilités:

- la responsabilité politique;
- la responsabilité pénale.

**1- La responsabilité politique**

Le président de la République n'est politiquement pas responsable devant le parlement. Le parlement ne peut destituer le président. Seul le gouvernement est politiquement responsable devant l'Assemblée nationale. Cela signifie que l'Assemblée nationale peut renverser le gouvernement. Si l'on se rapporte à ce raisonnement, la constitution de la troisième République promulguée le 18 février 2006 se conforme ainsi au schéma du régime parlementaire puisque l'exécutif est bicéphale avec:

- un président de la République, non responsable politiquement; c'est celui qui assure par son arbitrage le fonctionnement régulier des pouvoirs publics et des institutions ainsi que la continuité de l'État (art.69). Cela signifie que le président de la République se contente de s'assurer du respect des règles constitutionnelles par les acteurs politiques ; dans un sens fort, l'arbitrage recouvre au contraire une intervention déterminante dans la direction du pays;
- un Premier ministre qui conduit l'action gouvernementale. C'est le gouvernement, responsable devant l'Assemblée nationale (art.91), qui détermine et conduit la politique de la nation (art.91).

[78] - DUHAMEL (Olivier) et MENY (Yves), "Dictionnaire constitutionnel", op.cit.929

### 2- La responsabilité pénale

Selon l'article 165 de la constitution, le président de la République n'est responsable de ses actes accomplis dans l'exercice de ses fonctions qu'en cas de haute trahison. Il convient de souligner que la haute trahison dont mentionne l'article 165 se résume en les termes suivants :

- il y a haute trahison lorsque le président de la République a violé intentionnellement la constitution ou lorsque lui ou le Premier ministre sont reconnus auteurs, co-auteurs ou complices de violations graves et caractérisées des Droits de l'Homme, de cession d'une partie du territoire national ;
- il y a atteinte à l'honneur ou à la probité notamment lorsque le comportement personnel du président de la République ou du Premier ministre est contraire aux bonnes mœurs ou qu'ils sont reconnus auteurs, co-auteurs ou complices de malversations, de corruption ou d'enrichissement illicite ;
- il y a délit d'initié dans le chef du président de la République ou du Premier ministre lorsqu'il effectue des opérations sur des valeurs immobilières ou sur des marchandises à l'égard desquels il possède des informations privilégiées et dont il tire profit avant que ces informations soient connues du public. Le délit d'initié englobe l'achat ou la vente d'actions fondées sur des renseignements qui ne seraient jamais divulgués aux actionnaires.

Cet article fait appel à deux remarques:

- Il s'agit ici du pendant de la procédure d'Impeachment, qui existe bel et bien dans la constitution américaine. Initié pour la première fois en Grande-Bretagne, l'Impeachment est « une procédure judiciaire de mise en accusation par laquelle la chambre des communes décidait le renvoi pour jugement devant les Lords, utilisée à l'encontre des ministres avant que ne s'établisse leur responsabilité devant le parlement dont elle a servi à affirmer la primauté politique à la fin du XVII$^{e}$ siècle »[79].

Transposée dans la constitution américaine de 1787, où la mise en accusation visant le président et tous les fonctionnaires civils (y compris les juges) est prononcée par la chambre des représentants ; elle renvoie pour jugement devant le Sénat.

Par définition, l'Impeachment est « une procédure parlementaire de destitution du président, du vice-président et des fonctionnaires fédéraux qui existe aux États-Unis et que certains projets de révision constitutionnelle envisagent d'introduire en France, afin de pallier les carences et limites actuelles à la mise en jeu de la responsabilité personnelle du chef de l'État pendant l'exercice de son mandat[80] ».

Aux États-Unis, le congrès peut donc mettre en accusation l'exécutif et prononcer l'empêchement des plus hautes autorités de l'État pour « trahison, corruption, crime contre la chose publique ou délit grave» (art.4 de la constitution fédérale américaine). C'est la chambre des représentants qui décide de l'inculpation et le Sénat s'érige, quant à lui, en Haute Cour présidée par le chief justice de la Cour suprême fédérale. Il peut alors prononcer la destitution du président, tout en laissant ouverte la possibilité de poursuites judiciaires.

Dans le contexte actuel de la République démocratique du Congo, selon l'article 166 de la constitution, la procédure se déroule en deux étapes:

- la décision de poursuites ainsi que la mise en accusation du président de la République et du Premier ministre sont votées à la majorité de deux tiers des membres du parlement composant le congrès suivant la procédure prévue par le règlement intérieur;

---

[79]- AVRIL (Pierre) et GICQUEL (Jean), op. cit, p.61.
[80]- KADA (Nicolas), op. cit., p.57.

- ensuite, il est jugé par la Cour constitutionnelle. En cas de condamnation, le président de la République est déchu de ses charges. La déchéance est prononcée par la Cour constitutionnelle (art.167). Toutefois, aucun président de la République ou Premier ministre n'a jamais été traduit devant une haute juridiction.

En dehors de cette remarque, la responsabilité du président de la République ne peut être mise en cause. Il est sûr et certain que pendant la durée de son mandat il ne peut en aucun cas être inquiété.

### D- En cas de vacance ou d'empêchement définitif

Selon les articles 75 et 76 de la constitution, «en cas de vacance pour cause de décès, de démission ou pour toute autre cause d'empêchement définitif, les fonctions du président de la République, à l'exceptions de celles mentionnées aux articles 78, 81 et 82 sont provisoirement exercées par le président du Sénat (art.75)».

«La vacance de la présidence de la République est déclarée par la Cour constitutionnelle saisie par le gouvernement. Le président de la République par intérim qui n'est que le président du Sénat veille à l'organisation de l'élection du nouveau président de la République dans les conditions et les délais prévus la constitution».

«En cas de vacance ou lorsque l'empêchement est déclaré définitif par la Cour constitutionnelle, l'élection du nouveau président de la République a lieu sur convocation de la commission électorale indépendante dans le contexte actuel, soixante jours au moins et quatre-vingt-dix jours au plus après l'ouverture de la vacance ou de la déclaration du caractère définitif de l'empêchement».

«En cas de force majeure, ce délai peut être prolongé à cent vingt jours au plus par la Cour constitutionnelle saisie par la commission électorale indépendante. Ainsi, le nouveau président de la République élu commence un nouveau mandat (art.76)».

**E- L'incompatibilité avec les fonctions de président de la République**

Par définition, l'incompatibilité est « une interdiction pour une personne de cumuler une fonction élective avec d'autres mandats électifs ou avec certaines activités professionnelles ou publiques[81] ».

Selon l'article 96 de la constitution, «les fonctions de président de la République sont incompatibles avec l'exercice de tout autre mandat électif, de tout emploi public, civil ou militaire et de toute activité professionnelle. Le mandat du président de la République est également incompatible avec toute responsabilité au sein d'un parti politique».

Il est vrai aussi que durant ses fonctions, le président de la République ne peut entreprendre une démarche quelconque par lui-même ou par une personne interposée, ni acheter ni acquérir d'aucune autre façon, ni prendre en bail un bien qui appartient au domaine de l'État, des provinces ou des entités décentralisées. Il ne peut prendre part directement ou indirectement aux marchés publics au bénéfice des administrations ou des institutions dans lesquelles le pouvoir central, les provinces et les entités administratives décentralisées ont des intérêts.

Le président de la République étant passé en revue, il est grand temps d'examiner le gouvernement d'après la constitution promulguée le 18 février 2006.

---

[81]- CABRILLAC (Rémy), op. cit, p.213.

## Section 2- Le gouvernement

Le gouvernement est l'organe collégial composé, dans un régime parlementaire, du Premier ministre et des ministres assurant la détermination et la conduite de la politique de l'État. Comme on peut le constater, le chef de l'État ne fait pas partie du gouvernement, bien qu'il préside le conseil des ministres.

Il faut donc comprendre que le gouvernement exécute ou applique les lois votées par le souverain. Le souverain sous-entend le peuple. Donc, le gouvernement est en ce sens le moyen terme entre le peuple souverain (qui vote des lois) et le peuple sujet (auquel ces lois s'appliquent). C'est donc un corps particulier (et non universel, comme le souverain) qui peut être tenté, comme tel, d'abuser de son pouvoir, c'est-à-dire de confisquer à son profit la volonté générale. Le gouvernement est néanmoins un mal nécessaire dans la mesure où, bien qu'indispensable pour faire appliquer la volonté du souverain, il est toujours tenté de faire contre celui-ci, c'est-à-dire de se substituer au souverain, de substituer sa propre volonté particulière à la volonté générale[82].

Dans le cas de la République démocratique du Congo, le gouvernement est composé du Premier ministre, de ministres, de vice-ministres d'État et, le cas échéant, d'un Vice-premier ministre, de ministres d'État et de ministres délégués.

Il est dirigé par le Premier ministre, le chef du gouvernement. En cas d'empêchement, son intérim est assuré par le membre du gouvernement qui a la préséance.

Il faut savoir que les émoluments des membres du gouvernement sont fixés par la loi des finances. Le Premier ministre bénéficie, en outre, d'une dotation (des dotations, regroupent des crédits budgétaires bénéficiant d'un statut

---

[82]- BUSNEL (François), GROLLEAU (Frédéric), TELLIER (Frédéric) et ZARADER (Jean- Pierre), Les mots du pouvoir- Précis de vocabulaire, éditions VINCI, Paris, 1995, p.220.

dérogatoires. Ainsi, les crédits des pouvoirs publics sont regroupés en dotations. Elles permettent de faire face à des dépenses imprévues et sont regroupées dans une même mission).

## A- La composition du gouvernement

Selon l'article 90 de la constitution, la composition du gouvernement tient compte de la représentativité nationale. Cela veut dire que l'unité du pouvoir de l'État se dégage de la diversité sociale.

### 1- La nomination du Premier ministre

Selon l'article 78 de la constitution alinéa 1, «le président de la République nomme le Premier ministre au sein de la majorité parlementaire, après consultation de celui-ci. Il met fin à ses fonctions sur présentation par celui-ci de la démission du gouvernement. Si une telle majorité n'existe pas, le président de la République peut confier une mission d'information à une personnalité en vue d'identifier une coalition (art.78 de la constitution alinéa 2). La mission d'information est de trente jours renouvelables une seule fois (art.78 de la constitution alinéa 3)».

Avant d'entrer en fonction, le Premier ministre présente à l'Assemblée nationale le programme du gouvernement. Lorsque ce programme est approuvé, à la majorité absolue des membres qui composent l'Assemblée nationale, celle-ci investit le gouvernement. Ce qu'il faut retenir, c'est que la constitution promulguée le 18 février 2006 offre à la République démocratique du Congo un régime parlementaire. Cela signifie que le gouvernement est responsable devant la chambre des représentants. Ce n'est pas par hasard que le président de la République doit nommer un Premier ministre qui a la confiance de la majorité parlementaire.

**Mention spéciale:** comme pour le président de la République, l'article 99 de la constitution déclare que le

Premier ministre et les autres membres du gouvernement sont tenus de déposer devant la Cour constitutionnelle la déclaration écrite de leur patrimoine familial, énumérant leurs biens meubles, y compris actions, parts sociales, obligations, autres valeurs, comptes en banque, et leurs biens immeubles, y compris terrains non bâtis, forêts, plantations et terres agricoles, mines et tous autres immeubles, avec indication des titres pertinents.

Le patrimoine familial inclut les biens du conjoint selon le régime matrimonial, des enfants mineurs et des enfants, même majeurs, à charge du couple.

La Cour constitutionnelle se charge de communiquer cette déclaration à l'administration fiscale. Faute de cette déclaration, endéans les trente jours, la personne concernée est réputée démissionnaire.

Dans les trente jours suivant la fin des fonctions, faute de cette déclaration, en cas de déclaration frauduleuse ou de soupçon d'enrichissement sans cause, la Cour constitutionnelle pour le Premier ministre, ou la Cour de cassation pour les ministres et les autres membres du gouvernement, est saisie selon le cas.

### 2- La nomination des autres membres du gouvernement

Aux termes de l'article 78 alinéa 4 de la constitution, le président de la République nomme les autres membres du gouvernement et met fin à leurs fonctions «sur proposition du Premier ministre».

Il convient de souligner que le président de la République joue un rôle déterminant dans la composition du gouvernement. Il est évident que le Premier ministre fasse un certain nombre de propositions sur la nomination de tel ou tel ministre. Mais le dernier mot revient au président de la République d'y donner ou de ne pas y donner suite. En outre cela, le président de la

République peut imposer un certain nombre de ministres à son Premier ministre.

### B- La fin du gouvernement

L'article 78 de la constitution impose deux cas de figure :

#### 1- La démission du gouvernement

Comme la République démocratique du Congo est un régime parlementaire, la démission du gouvernement doit être considérée comme une sanction découlant de la mise en jeu de la responsabilité collective des ministres par l'Assemblée nationale ou, en pratique, sur l'initiative du président de la République.

En outre, la tradition constitutionnelle issue du régime parlementaire veut qu'au lendemain d'élections nationales le gouvernement présente sa démission, afin de respecter la volonté exprimée par le souverain (le peuple).

L'article 78 alinéa 1 de la constitution déclare que le président de la République met fin aux fonctions du Premier ministre «sur la présentation par celui-ci de la démission du gouvernement».

Il peut arriver à un certain moment que le Premier ministre remette la démission de son gouvernement après de nouvelles élections présidentielles ou législatives:

- en ce qui concerne par exemple l'élection présidentielle, le président de la République nouvellement élu procède à la nomination d'un nouveau Premier ministre pour que la tradition républicaine soit respectée;
- en revanche, si les élections législatives sont favorables à la majorité présidentielle, le président de la République va, en général, confirmer son Premier ministre, qu'il obligera de former un nouveau gouvernement. Il peut également profiter de l'occasion pour nommer un nouveau Premier ministre ;

- si les élections législatives sont défavorables au camp présidentiel, le président de la République accepte sa défaite, c'est-à-dire prend acte du verdict des urnes et nomme un Premier ministre qui sera issu de la nouvelle majorité parlementaire. Il arrive également que les deux têtes de l'exécutif soient en désaccord. Cela veut dire que le Premier ministre peut démissionner, lorsqu'il est en désaccord profond avec le président de la République. Le désaccord peut être né sur la situation politique et socio-économique du pays, le Premier ministre soucié ne peut pas continuer à accomplir correctement sa tâche et opte à la démission.

### 2- La démission ou la révocation des ministres

L'article 78 alinéa 4 de la constitution stipule que le président de la République met fin aux fonctions des ministres sur proposition de Premier ministre. C'est dans cette optique que les ministres peuvent démissionner mais ils peuvent aussi être révoqués.

#### 2.1- La démission des ministres

Pour des raisons politiques, un ministre peut démissionner. Cela suppose que le ministre soit en désaccord avec la politique poursuivie par le gouvernement ou le président de la République. La tradition veut aussi que tout ministre mis en examen doive démissionner. Est-ce que cela va marcher pour la République démocratique du Congo, si l'on se rapporte à la culture politique de ce pays ?

#### 2.2- La révocation des ministres

Le président de la République peut mettre fin aux fonctions d'un ministre sur proposition du Premier ministre. Le ministre est surtout révoqué pour manquement au principe fondamental de la solidarité gouvernementale.

En régime parlementaire, la solidarité gouvernementale est «une unité de conception et de dessein des ministres qui a pour sanction leur responsabilité collective concernant la politique du gouvernement[84] ».

### 3. La responsabilité du gouvernement

L'article 62 de la constitution stipule que « nul n'est censé ignorer la loi. Toute personne est tenue de respecter la constitution et de se conformer aux lois de la République ». Le Premier ministre et les ministres de la République ne sont pas au-dessus des lois.

Sur la responsabilité du gouvernement, deux remarques s'imposent:

- pour le Premier ministre, la décision de la mise en accusation est votée à la majorité de deux tiers des membres du parlement composant le congrès suivant la procédure prévue par le règlement intérieur (art.166 alinéa 1). À cet effet, seule la Cour constitutionnelle est compétente de juger pénalement le Premier ministre;
- pour les ministres et les autres membres du gouvernement, la décision de poursuites ainsi que la mise en accusation des membres du gouvernement sont votées à la majorité absolue des membres composant l'Assemblée nationale, suivant la procédure prévue par le règlement intérieur (art.166 alinéa 2). Les membres du gouvernement mis en accusation présentent leur démission. Seule la Cour de cassation est compétente de connaître en premier et dernier ressort les infractions commises par les membres du gouvernement.

**Ce qu'il faut retenir:**

- la mise en accusation du Premier ministre est l'œuvre du parlement composant le Congrès ;
- la mise en accusation des ministres et des autres membres du gouvernement est l'œuvre de l'Assemblée nationale.

---

[84] AVRIL (Pierre) et GICQUEL (Jean), op. cit. p.113.

## 4. Les incompatibilités des membres du gouvernement

Selon les articles 97 et 98 de la constitution, « les fonctions de Premier ministre et de membres du gouvernement sont incompatibles avec l'exercice de tout mandat électif, de tout emploi public, civil ou militaire et de toute activité professionnelle à l'exception des activités agricoles, artisanales, culturelles, d'enseignement et de recherche. Elles sont également incompatibles avec toute responsabilité au sein d'un parti politique (art.97); durant leurs fonctions, le Premier ministre et les membres du gouvernement ne peuvent par eux-mêmes ou par une personne interposée ni acheter ni acquérir d'aucune autre façon, ni prendre en bail un bien qui appartient au domaine de l'État, des provinces ou des entités décentralisées. Ils ne peuvent prendre part directement ou indirectement aux marchés publics au bénéfice des administrations ou des institutions dans lesquelles le pouvoir central, les provinces et les entités administratives décentralisées ont des intérêts (art.98) ».

## 5. Les attributions des membres du gouvernement

Le gouvernement définit, en concertation avec le président de la République, la politique de la nation et en assume la responsabilité. Il conduit la politique de la nation. Il dispose, en étroite collaboration avec le président de la République, de la défense, de la sécurité et des Affaires étrangères. Par ailleurs, il dispose de l'administration publique, des forces armées, de la police nationale et des services de sécurité

Le Premier ministre est le chef du gouvernement; à ce titre, il dirige et coordonne l'action gouvernementale. À cet effet, il assure l'exécution des lois et dispose du pouvoir réglementaire sous réserve des prérogatives dévolues au président de la République par la présente constitution. Il statue par voie de décret (un décret étant un acte réglementaire à caractère général et impersonnel ou une décision individuelle, par exemple, le cas d'un décret de nomination, pris par le Premier ministre, éventuellement contresigné par les ministres concernés par son application…). Il ne nomme, par décret délibéré en conseil des ministres, aux emplois civils et militaires autres que ceux pourvus par le président de la République. Il peut déléguer certains de ses pouvoirs aux ministres. Il supplée, le cas échéant, le président de la République à la présidence du conseil des ministres. Il le supplée pour la présidence du conseil des ministres, en vue d'une délégation expresse et pour un ordre du jour déterminé. Les actes du Premier ministre sont contresignés, le cas échéant, par les ministres chargés de leur exécution.

Le ministre est responsable de son département. Il applique le programme gouvernemental dans son ministère, sous la direction et la coordination du Premier ministre. Il statue par voie d'arrêté (un arrêté étant un acte de nature réglementaire ou porteur d'une décision individuelle prise par le ministre). Les vice-ministres exercent sous l'autorité des ministres auxquels ils sont adjoints les attributions qui leur sont conférées par l'ordonnance portant organisation et fonctionnement du gouvernement. Ils assument l'intérim des ministres en cas d'absence ou d'empêchement.

**Ce qu'il faut retenir:**

- le Premier ministre statue par **voie de décret;**
- le ministre statue par **voie d'arrêtés;**
- le gouvernement est à la fois responsable devant le président de la République et l'Assemblée nationale.

# BIBLIOGRAPHIE GÉNÉRALE

-ACQUAVIVA J.-C., Méthodes de travail en droit constitutionnel, Gualino éditeur, Les Carrés sup., 1997.
-AMELIE Françoise : Droit civil - Introduction, personne, bien, 3ème éd., 2000.
-AMELIE Françoise : Droit civil les obligations, 1997.
-ANDREASSIAN ANNE-ELISABETH et les collaborations de JOLIVET Élisabeth, KESPI Martine : Économie de l'entreprise et gestion, 2001.
-ARDANT Ph.- Les textes sur les droits de l'Homme, Que sais-je?, N°2538, PUF, Paris.
ARDANT P., Droit constitutionnel et Institutions politiques, Préparation à l'examen, LGDJ, 1997.
-ARDANT (PH.) - Institutions politiques, Droit constitutionnel, 15ème éd., LGDJ, Paris, 2003.
-ARDANT P., Les institutions de la 5ème république, Les fondamentaux, Hachette, Paris, 2003.
-ARDANT P., Institutions politiques et droit constitutionnel, LGDJ, 2005.
-AVRIL (P.)- GICQUEL (J.)- Lexique de droit constitutionnel. Que sais-je? , N°3655, PUF, Paris.
-AVRIL P., La 5ème république, Histoire politique et constitutionnelle, PUF, Paris, 1994.
-AVRIL P., CONAC G. -La constitution de la République Française, textes et révisions, 2ème éd., Montchrestien, Paris, 1999.
-BARANGER D., Le droit constitutionnel, PUF, Que sais-je ?, 2002.
-BARILARI A., GUEDON M-J, Institutions politiques, plans détaillés, Sirey, 1998.
-BARTHELEMY J., DUEZ P., Traités de droit constitutionnel, Dalloz, 1933, reimp, Économisa, 1985.
-BIDEGARAY C., EMERI C., SERIN J-L., Droit constitutionnel et institutions politiques, PUF, Thémis, exercices et corrigés, 1983.

-BIDET Alexandra, PILLON Thierry, VATIN François : Sociologie du travail, 2000.
-BIETCH.- Les droits de l'Homme (Anthologie), Imprimerie nationale, Paris, 1989. Code administratif, Dalloz, Paris, 2002.
-BOURREAU René : Sociologie générale, 2ème éd., 1999.
-BURDEAU G., Traité de science politique, 10 tomes, LGDJ, 2ème et 3ème éd., 1978-1985.
-BURDEAU G., HAMON F., TROPER M.- Droit constitutionnel et institutions politiques, 28ème éd., LGDJ, Paris, 2003.
-BURDEAU G., HAMON F., TROPER M., Droit constitutionnel, LGDJ, 2005.
-CADART J., Institutions politiques et droit constitutionnel, 2ème et 3ème éd., Économisa, Paris, 1990-1991, (2vol.).
-CADOUX Ch., Droit constitutionnel et institutions politiques, 2vol. Cujas, vol.1, 1988; vol.2, 1983.
-CADOUX Ch., - Droit constitutionnel et institutions politiques, 4ème éd. Cujas, Paris, 1995.
-CARCASSONNE G. - La constitution (introduite et commentée par), 6ème éd. Point, éditions du Seuil, Paris, 2004.
-CARRIERE d'ENCAUSSE H., La gloire des nations ou la fin de l'empire soviétique, 1990.
-CARRE DE MALBERG R., contribution à la théorie générale de l'État, 2 tomes, Sirey, 1922, rééd., CNRS, 1962.
-CHAGNOLLAUD D., QUERMONNE J.-L., -La 5ème République, Flammarion, Paris, 2001 (4volumes).
-CHAGNOLLAUD P., (sous la direction de) - La vie politique en France, points éditions du Seuil, Paris, 1993.
-CHAGNOLLAUD D., Droit constitutionnel contemporain, 2vol., Tome 2, Le régime politique français, 3ème éd. Sirey, Paris, 2003.
-CHAGNOLLAUD D., Droit constitutionnel contemporain, 2 vol., A. Colin, 2004.
-CHALVIDAN P.-H., Droit constitutionnel, institutions et régimes politiques, Nathan, 1996.
-CHAMBRE H., L'union soviétique, 1996.
-CHAREILLE Pascal, PINAULT Yves : Statistique descriptive, 3ème éd., 2000.
-CHARVIN R., Les États socialistes européens, 1975.

-CHANTEBOUT B., - La constitution française - Propos pour un débat, connaissance du droit, Dalloz, Paris, 1992.
-CHANTEBOUT B., Droit constitutionnel et science politique, 19ème éd., A. Colin Paris, 2003.
-CHANTEBOUT B., Droit constitutionnel A. Colin, - Brève histoire politique et institutionnelle de la 5ème République A. Colin, Paris, 2004.
-CHAPSAL J., - La vie politique sous la 5ème République, T.1 1958- 1974 -T.2 1974-1987, Thémis, PUF, Paris, 1993.
-CLESSIS C., MAUS D., Robert J., WAJSMAN P., Droit constitutionnel, exercice pratique, Montchrestien, 1995.
-COHENDET M.- Droit constitutionnel, 2ème éd. Coll., Focus droit, Montchrestien, Paris 2002.
-DEBBASCH Ch., PONTIER J.-M., BOURDON J., RICCI J.-L.,- La 5ème République, 2ème éd., Économisa, Paris, 1988.
-DEBBASCH Ch., et Alii -La constitution de la 5ème République - Pratique et Jurisprudence, Dalloz, Paris, 2003.
-DEBBASCH Ch., PONTIER J.-M., Les constitutions de la France, Dalloz, 1996.
-DEBBASCH Ch., RICCI J.-C., PONTIER J.-M., BOURDON J. - Droit constitutionnel et institutions politiques, 4ème éd., Économisa, Paris, 1999.
-DEBBASCH Ch., PONTIER J.-M., BOURDON J., RICCI J.-C., Droit constitutionnel et institutions politiques, Économisa, 2001.
-DEBBASCH R., Droit constitutionnel, Litec, 2003.
-DEBBASCH R. - Droit constitutionnel 4ème éd., Litec, Paris 2004.
-DELPERREE F., Droit constitutionnel, 2 tomes, Larcier, Bruxelles, t. 1 : 1987; t. 2 : 1986.
-DRAGANU T., Structures et institutions constitutionnelles des pays socialistes européens, 1981.
-DREYFUS F., D'ARCY F., Les institutions politiques et administratives de la France, Économisa, 1997.
-DUGUIT L., Traité de droit constitutionnel, 5vol., DE Boccard, 1929, rééd, CNRS, 1972.
-DUHAMEL O., MENY Y., Dictionnaire constitutionnel, PUF, 1992.

-DUHAMEL O., - Droit constitutionnel, 2vol. (Le système politique en France, les démocraties). Seuil, Paris, 1999-2000.
-DUVERGER M., Institutions politiques et droit constitutionnel, 2 tomes, PUF, Paris, 1990,1996.
-DUVERGER M., constitutions et documents politiques, PUF, 1996.
-ESMEIN A., NEZARD H., Éléments de droit constitutionnel Français et comparé, Sirey, 1928.
-ESPLUGAS P., EUZET Ch., MOUTON S., SEGUR Ph., VIGUIER J.- Droit constitutionnel, Ellipses, Paris, 2002.
-FABRE M.-H., Principes républicains de droit constitutionnel, LGDJ, Paris, 1984.
-FAVOREU L., et autres, Droit constitutionnel, Dalloz, 2003.
-FAVOREU L. et Alii - Droit constitutionnel, 7ème éd., Dalloz, Paris, 2004.
-FAVOREU L., Philip L., - Les grandes décisions du constitutionnel, 12ème éd., Dalloz, Paris, 2003-2004.
-FOILLARD Ph., Droit constitutionnel et institutions politiques, Centre de Publications Universitaires, 2003.
-FORMERY S.-L., La constitution commenté article par article, 7ème éd., Les fondamentaux, Hachette, Paris, 2003.
-FREYSSINET-DOMINJON Jacqueline : méthodes de recherche en sciences sociales, 1997.
-GAUDEMET Y., STIRN B., DAL FARRA Th., Rollin F.- Les grands avis du conseil d'États, 2ème éd., Dalloz, Paris, 2002.
La protection internationale des droits de l'Homme (Europe), Document d'études n° 3.05, La documentation française, Paris.
La protection internationale des droits de l'Homme (organisations universelles), Document d'études n°3.05, La documentation française Paris.
LONG M., WEIL P., BRABANT G., DELVOLVE P., GENEVOIS B. -Les grands arrêts de la jurisprudence administrative, 14ème éd.., Dalloz, Paris, 2003.
-GELERD P., Les systèmes politiques des États socialistes européens, tome 1, 1975.
-GELARD Patrice, MEUNIER Jacques : Institutions politiques et droit constitutionnel, 4ème éd., 2001 et 3ème éd., coll. AES, Montchrestien, Paris, 2001.

-GICQUEL J., GICQUEL J.-E., Droit constitutionnel et institutions politiques, Montchrestien, 2005 et 19ème éd., Montchrestien, Paris, 2003.
-GREWE C., OBERDORFF H.- Les constitutions des États de l'Union européenne, coll. Retours aux Textes, La documentation française, Paris, 1999.
-GUCHET Y., Éléments de droit constitutionnel, Albatros, 1982.
-HARIOU M., Précis de droit constitutionnel, Sirey, 1929, rééd,
-HOANG-NGOC Lième : politiques économiques, 2000.
-Jacques J.-P., Droit constitutionnel et institutions politiques, Dalloz (Mémento), Paris, 2003.
-JOLIVET-ROCHE Élisabeth et la Collabo. De MONNIER Sabine: Problèmes économiques contemporains, 2éme éd., 1997.
-KERNINON Jean : Droit publique économique, 1999.
-LAFERRIERE J., Manuel élémentaire de droit constitutionnel, Montchrestien, Domat, 1947.
-LAVIGNE P., L'unité du pouvoir d'État dans la doctrine constitutionnaliste socialiste contemporaine, Mélanges Bureau, 1977.
-LAVIGNE P. et M., Regards sur la constitution soviétique de 1977,1979.
-LAVROFF D.G. et CONTE F., La constitution soviétique du 7 octobre 1977, R.D.P., 1978, p., 679.
-LAVROFF D.G., - Le droit constitutionnel de la 5ème République, 3ème éd., Paris, Dalloz, 1999.
-LUCHAIRE F., CONAC G., (sous la direction de) -La constitution de la République française, Économisa, Paris, 1987.
-LECLERCQ C., Trnka H., Droit constitutionnel, Litec, 1997.
-LECLERCQ C., Droit constitutionnel et institutions politiques, Litec, 2000.
-LECLERCQ C., CHALVIDAN P.-H., Travaux dirigés de droit constitutionnel, Litec, 2002.
-LESAGE M., Les régimes politiques de l'URSS et de l'Europe de l'Est, 1971 ; Le système politique de l'URSS 1987.
-LIET-VEAUX G., Droit constitutionnel, Rousseau, 1949, rééd, 1984.

-MAUS D.- Les grands textes de la pratique institutionnelle de la 5eRépublique, La documentation française, Paris, 1998.
-MEDVEDEV R., De la démocratie socialiste, 1972 – STALINE et le Stalinisme, 1979.
-MEKHANTAR J., Droit politique et constitutionnel, Eska, Paris, 1997.
-MEKHANTAR J., Droit politique et constitutionnel, Eska, 1999.
Montchrestien, 1989.
-MILACIC S., Le constitutionnalisme soviétique, 1990.
-MILLS Catherine : économie politique, 2e éd., 1997.
-MILLS Catherine, CAUDRON José : Protection sociale. Économie et politique. Débats actuels et réformes, 2001.
-PACTET P., Textes de droit constitutionnel, LGDJ, 1995.
-PACTET P., Exercice de droit constitutionnel, Dalloz, 1998.
-PACTET P. -Institutions politiques -Droit constitutionnel, 2ème éd., A. Colin, Paris, 2003.
-PACTET P., MELIN-SOUCRAMANIEN F., Droit constitutionnel, A. Colin, 2004.
-PARINI Ph., Les institutions politiques, A. Colin, 1984.
-PEYRICAL Jean-Marc : Droit administratif, 2e éd., 2000.
-PINTO R., Éléments de droit constitutionnel, MOREL et CORDUANT, 1952.
-POUVOIRS (Revue), L'Union soviétique, 1978, n° 6 : L'URSS de Gorbatchev, 1988, n°45.
-PRELOT M., BOULOUIS J., Institutions politiques et droit constitutionnel, 11ème éd., Dalloz, Paris, 1990.
-RENOUX Th. S., VILLIERS M. De, - Code institutionnel, 3ème éd., Litec, Paris, 2004.
-RIALS S., Textes constitutionnels Français, PUF, Que sais-je ? , 1994.
-RIALS S., Textes constitutionnels étrangers, PUF, Que sais-je ? , 1995.
-ROBERT J., OBERDORFF H.- Libertés fondamentales et droits de l'Homme, 5e éd., Montchrestien, Paris, 2002.
-ROUSSEAU D. – Droit constitutionnel et institutions politiques de la 5e République, Eyrolles, Paris, 1991.
-ROUVILLOIS F.-Droit constitutionnel, La 5e République, Flammarion, Paris, 2001.

-ROUVILLOIS F.- Droit constitutionnel, Fondements et Pratiques, Flammarion, Paris, 2002.
-SEGUR Ph.,- La 5eRépublique, Ellipses, Paris, 1999.
-SCHAPIRO L., De LENINE à STALINE, Histoire du parti communiste de l'Union soviétique, 1967.
-TURPIN D., dir., Travaux dirigés Droit constitutionnel, Gualino éditeur.
-TURPIN D., Droit constitutionnel, coll. Quadrige, PUF, Paris, 2003.
-UNGER A., constitutional development in the URSS, Pica Press, New-York, 1982.
-VEDEL G. Manuel élémentaire de droit constitutionnel, éd. 1949, rééd.1985, Réimp. Dalloz, Paris, 2002.
-VIALLE P., Droit constitutionnel et science politique, 2 vol., L'Hermès, 1998.
-VILLIERS M.de, Droit constitutionnel, coll. Droit fondamental, 2e éd., PUF, Paris, 1998.
-ZOLLER E., Droit constitutionnel, coll. Droit fondamental, 2e éd., PUF, Paris, 1998.
-ZOLLER E., Droit constitutionnel, PUF, 1999.

DOCUMENTS SPÉCIALISÉS

- Moniteur congolais N°41 du 10 octobre 1960.
- Moniteur congolais N°04 de 1961.
- Moniteur congolais N° spécial du 5 octobre 1965.
- Moniteur congolais N°07 de 1966.
- Moniteur congolais N°01 de 1967.
- Moniteur congolais N°14 juillet 1967.
- Moniteur congolais N°09 de 1970.
- Moniteur congolais N°01 de 1971.
- Journal officiel de la République du Zaïre N°21 de 1971.
- Journal officiel de la République du Zaïre N°24 de 1971.
- Journal officiel de la République du Zaïre N°02 de 1972.
- Journal officiel de la République du Zaïre N°05 de 1973.

- Journal officiel de la République du Zaïre N°05 du 1er mars 1978.
- Journal officiel de la République du Zaïre N°05 bis du 1erjanvier 1980.
- Journal officiel de la République du Zaïre N°01 du 1er janvier 1983.
- Journal officiel de la République du Zaïre N° spécial de juillet 1990.
- Journal officiel de la République du Zaïre N° spécial de juillet 1990.
- Journal officiel de la R.D.C., constitution de la transition 2003- 2005.
- Accord global et inclusif en République démocratique du Congo, 2003.
- Journal officiel de la R.D.C.; constitution de la Troisième République du 18 février 2006.

# TABLE DES MATIÈRES

# L'Afrique
# aux éditions L'Harmattan

## Dernières parutions

**GÉANT (LE) D'AFRIQUE, LE GÉANT D'ASIE**
**Histoire d'un combat méconnu**
*Yabili Marcel*
Voici le premier regard direct d'un Africain averti sur le phénomène de la *Sinafrique*. Si, en 1885, à Berlin, plusieurs puissances coloniales s'étaient partagé l'Afrique, c'est la première fois de l'Histoire qu'une seule puissance est tentée de s'emparer de l'ensemble du continent et d'en accaparer des matières premières et des valeurs ajoutées en échange de biens et de services. La tentation coloniale chinoise se pare d'amitié agressive et ne se prive pas de corruption.
*(Coll. Points de vue, 24.00 euros, 232 p.)*
*ISBN : 978-2-296-96783-0, ISBN EBOOK : 978-2-296-50235-2*

**ÉCOLE (L') EN SITUATION POSTCOLONIALE**
*Cahiers Afrique n° 27*
*Sous la direction de Céline Labrune-Badian, Marie-Albane De Suremain, Pascal Bianchini*
En situation coloniale, le rôle de l'école fut un instrument de la «mission civilisatrice» autant qu'un outil de domination politique, sociale et culturelle. Paradoxalement, les indépendances africaines ne constituent pas une rupture fondamentale. L'affirmation de nouvelles identités, par l'africanisation des personnels et surtout des contenus des enseignements, constitue un défi majeur. Ces articles montrent les freins, les difficultés mais aussi les efforts consentis par les institutions et les populations.
*(Coédition Laboratoire SEDET-CNRS, Coll. Etudes africaines, 25.00 euros, 252 p.)*
*ISBN : 978-2-296-99289-4, ISBN EBOOK : 978-2-296-50446-2*

**CULTURE ET DÉVELOPPEMENT EN AFRIQUE**
*Mbom Clément - Préface d'Abdou Diouf*
L'entrée dans les moeurs en Afrique de l'exploitation idoine de la culture comme l'un des facteurs importants du développement assurerait son existence par une socialisation et une historicisation assumées qui deviendraient une seconde nature. En clair, il revient à l'Afrique d'inventer sa méthode de développement en tenant compte de toutes les données qui sont les siennes.
*(Coll. IREA (Institut de recherche et d'études africaines), 20.00 euros, 190 p.)*
*ISBN : 978-2-296-99294-8, ISBN EBOOK : 978-2-296-50447-9*

**CONCURRENCE (LA) DES ORGANISATIONS RÉGIONALES EN AFRIQUE**
*Sous la direction de Fau-Nougaret Matthieu*
Le phénomène de régionalisation sur le continent africain est un phénomène qui, tout en étant assez ancien, connaît un réel renouveau. Depuis l'adoption de

la charte constitutive de l'Union africaine, la relance de l'intégration régionale africaine emprunte plusieurs chemins dont celui de la rationalisation. Si la finalité est connue, quelles sont les voies pour y parvenir ? Quels sont les enjeux et les risques ?
*(46.00 euros, 456 p.)*
*ISBN : 978-2-296-99476-8, ISBN EBOOK : 978-2-296-50328-1*

**HISTOIRE DES RELATIONS ENTRE L'AFRIQUE ET SA DIASPORA**
*Goma-Thethet Joachim*
La diaspora, le panafricanisme, l'unité africaine, les États-Unis d'Afrique sont des concepts intimement liés qui n'ont cessé d'évoluer avec le temps. Cet ouvrage consacré aux relations entre l'Afrique noire et sa diaspora, du XIXe au XXe siècle, indique les rapports qui ont été établis entre les Africains du continent et ceux vivant en Amérique et en Europe. Il examine le rôle que pourraient jouer les Africains de la diaspora pour relever les défis africains en ce début du XXIe siècle.
*(Coll. Etudes africaines, 18.00 euros, 184 p.)*
*ISBN : 978-2-296-99467-6, ISBN EBOOK : 978-2-296-50325-0*

**DISCRIMINATION (LA) AU TRAVAIL EN AFRIQUE – Analyse des procédés de l'OIT**
*Dehoumon Mathieu*
De nombreuses personnes se retrouvent dans la situation de discrimination au travail lorsqu'elles postulent à un emploi, et d'autres se résignent devant le refus, au sein de l'entreprise, d'accéder à des postes de responsabilité malgré leurs compétences. Au coeur du mandat de l'O.I.T. se trouve l'objectif d'éliminer cette différence de traitement. Comment l'O.I.T. contribue-t-elle à améliorer l'accès au travail des femmes, des hommes et des personnes vulnérables en Afrique ?
*(Coll. Etudes africaines, 58.00 euros, 700 p.)*
*ISBN : 978-2-296-96423-5, ISBN EBOOK : 978-2-296-50141-6*

**ÉNERGIES RENOUVELABLES EN AFRIQUE SUBSAHARIENNE**
*Kapseu César, Djongyang Noël, Elambo Nkeng George, Petsoko Maturin, Ayuk Mbi Egbe Daniel - Préface de Jacques Fame Ndongo ; Postface de Samuel Domngang*
Le développement et l'appropriation des énergies renouvelables subissent actuellement un regain d'intérêt, du fait de la hausse du prix de l'énergie et de l'impérieuse nécessité de trouver de nouvelles sources d'énergie. Pour accompagner ce développement, cinq chercheurs dressent pour la première fois un état complet des connaissances théoriques et pratiques sur cette technologie et ses applications.
*(Coll. Harmattan Cameroun, 37.50 euros, 370 p.)*
*ISBN : 978-2-296-99102-6, ISBN EBOOK : 978-2-296-50287-1*

**AFRIQUE (L') EN MUSIQUES (Tome 1)**
**Rapport au sacré, à la divinité, à la nature**
*Manda Tchebwa Antoine*
L'Afrique est une mosaïque de peuples et d'imaginaires. Un continent riche de ses paysages sonores bigarrés. A l'intersection de plusieurs disciplines, ce livre

fait le compte des trésors émotionnels de l'Afrique, à travers une exploration des épopées dynastiques, corporatives et religieuses, des légendes et des mythes. Par le biais de la musique, on mesure le rapport entre l'homme, le sacré, la divinité et la nature.
*(Coll. Racines du Présent, 21.00 euros, 198 p.)* *ISBN : 978-2-296-96406-8*

**AFRIQUE (L') EN MUSIQUES (Tome 2)**
**De l'art griotique à la polyphonie australe**
*Manda Tchebwa Antoine*
Trois facettes du large fond des musiques du patrimoine africain émergent de cet ouvrage : les musiques dites de griots ou jeliya, au carrefour de la geste ancestrale et de la littérature orale mandingue ; les musiques du désert maure à cheval entre l'art poétique du griot soudanais et les influences arabo-berbères ; les musiques australes (Afrique du Sud), riches des influences des trois continents.
*(Coll. Racines du Présent, 24.00 euros, 232 p.)* *ISBN : 978-2-296-96407-5*

**AFRIQUE (L') EN MUSIQUES (Tome 3)**
**Panorama des instruments de musique du patrimoine africain**
*Manda Tchebwa Antoine*
En Afrique, chaque élément de la nature est une muse qui inspire et aide à célébrer la vie. Les rythmes cosmiques, pulsés par une multiplicité d'instruments, s'expriment dans l'alternance infaillible des lever et coucher du soleil. Cette alternance des saisons de pluie et des saisons sèches, de la période de soudure et des crises acridiennes... se reflète jusque dans les rythmes de la musique.
*(Coll. Racines du Présent, 20.00 euros, 188 p.)* *ISBN : 978-2-296-96408-2*

**AFRIQUE (L') EN MUSIQUES (Tome 4)**
**Contexte urbain**
*Manda Tchebwa Antoine*
Après avoir parcouru la carte musicale africaine, pays par pays, sied-il de constater l'essentiel : toute l'Afrique est musicale ; toute l'Afrique chante, prie et danse. Ce livre, riche d'illustrations, conte et raconte l'histoire de l'Afrique à travers un passionnant survol de ses multiples expériences nationales et transnationales.
*(Coll. Racines du Présent, 36.00 euros, 348 p.)* *ISBN : 978-2-296-96409-9*

**FRANCOPHONIE (LA) ÉCONOMIQUE**
**Horizons des possibles vus d'Afrique**
*Tchaha Serge - Préface d'Abdou Diouf*
Vu d'Afrique, la langue française peut-elle aider à développer le continent et contribuer à faire progresser les autres régions du monde ? De 220 millions aujourd'hui, la sphère francophone passera à 650 millions de locuteurs en 2050. Comment, dans le Nouveau Monde qui s'annonce, les enfants de Cheikh Anta Diop pourront-ils tirer profit du fait de parler français ? Comment la francophonie économique permettra-t-elle d'élargir et de redéfinir la géographie des affaires des Africains ?
*(Coll. Etudes africaines, 23.00 euros, 218 p.)* *ISBN : 978-2-296-99458-4*

**À QUOI SERT LA PHILOSOPHIE POUR LA JEUNESSE EN AFRIQUE ?**
*Banona Nseka Donatien - Préface de Stanislas Deprez*
«Fort de ses expériences dans diverses universités africaines, l'auteur expose les raisons pour lesquelles les étudiants se méfient de la philosophie. L'auteur démontre en quoi philosopher est nécessaire à tout humain... Soulignant l'importance de l'éducation pour la démocratie et pour le développement de la personne, l'auteur fait deux propositions majeures qui, si elles étaient appliquées, contribueraient grandement au développement de l'Afrique».
*(Coll. Pensée Africaine, 11.50 euros, 86 p.)* *ISBN : 978-2-296-96779-3*

**REPENSER LA RELATION HOMME-MILIEU EN AFRIQUE**
*Sous la direction de Mayama Alain*
Parler de la relation Homme-milieu, c'est reconnaître l'interaction entre l'Homme et la nature. Repenser cette relation sous-tend que les règles qui la régissent aujourd'hui posent problème. L'Homme qui tire sa vie et son existence de la nature a l'obligation de conserver cette nature, faisant appel à un sens des responsabilités plus accru de l'Homme envers la création. Ce livre attire l'attention sur la question écologique, notamment le respect de l'environnement.
*(Coll. Harmattan Congo, 13.50 euros, 120 p.)* *ISBN : 978-2-296-96781-6*

**CHANGEMENTS CLIMATIQUES, DYNAMIQUES DES MILIEUX ET CRISES DE SOCIÉTÉS EN AFRIQUE DE L'OUEST**
**Bénin, Mali, Sénégal, Togo**
*Sy Boubou Aldiouma*
*Préface du Pr Mamadou Moustapha Sall*
La maîtrise du phénomène «changement climatique» devient indispensable pour le bien-être social et économique. L'Afrique de l'Ouest, une région vulnérable et parmi les plus exposées aux modifications climatiques dans le monde, connaît depuis quelques années des phénomènes extrêmes. Les bouleversements climatiques sont abordés et vécus différemment par les acteurs sociaux : migration climatique, accentuation de la désertification et de l'érosion côtière, dégradation de l'environnement, etc.
*(26.00 euros, 260 p.)* *ISBN : 978-2-296-99517-8*

**TVA (LA) EN AFRIQUE CENTRALE**
*Ireh Assim Thomas - Préface de Bernard Castagnede*
Face à la persistance de la crise économique, l'adoption d'une réforme fiscalo-douanière fondée sur la TVA, réputée impôt neutre et productif, est un véritable enjeu financier pour les États de la CEMAC. L'auteur se propose d'évaluer la TVA comme la charnière de modernisation des systèmes fiscaux qui reste le principal levier dont disposent les pouvoirs publics pour faire sortir de la crise les États membres de la CEMAC, tout en assurant un développement de leurs politiques fiscales et économiques.
*(54.00 euros, 620 p.)* *ISBN : 978-2-296-99149-1*

**L'HARMATTAN, ITALIA**
Via Degli Artisti 15; 10124 Torino

**L'HARMATTAN HONGRIE**
Könyvesbolt ; Kossuth L. u. 14-16
1053 Budapest

**ESPACE L'HARMATTAN KINSHASA**
Faculté des Sciences sociales,
politiques et administratives
BP243, KIN XI
Université de Kinshasa

**L'HARMATTAN CONGO**
67, av. E. P. Lumumba
Bât. – Congo Pharmacie (Bib. Nat.)
BP2874 Brazzaville
harmattan.congo@yahoo.fr

**L'HARMATTAN GUINÉE**
Almamya Rue KA 028, en face du restaurant Le Cèdre
OKB agency BP 3470 Conakry
(00224) 60 20 85 08
harmattanguinee@yahoo.fr

**L'HARMATTAN CAMEROUN**
BP 11486
Face à la SNI, immeuble Don Bosco
Yaoundé
(00237) 99 76 61 66
harmattancam@yahoo.fr

**L'HARMATTAN CÔTE D'IVOIRE**
Résidence Karl / cité des arts
Abidjan-Cocody 03 BP 1588 Abidjan 03
(00225) 05 77 87 31
etien_nda@yahoo.fr

**L'HARMATTAN MAURITANIE**
Espace El Kettab du livre francophone
N° 472 avenue du Palais des Congrès
BP 316 Nouakchott
(00222) 63 25 980

**L'HARMATTAN SÉNÉGAL**
« Villa Rose », rue de Diourbel X G, Point E
BP 45034 Dakar FANN
(00221) 33 825 98 58 / 77 242 25 08
senharmattan@gmail.com

**L'HARMATTAN TOGO**
1771, Bd du 13 janvier
BP 414 Lomé
Tél : 00 228 2201792
gerry@taama.net

Achevé d'imprimer par Corlet Numérique - 14110 Condé-sur-Noireau
N° d'Imprimeur : 92905 - Dépôt légal : novembre 2012 - *Imprimé en France*

www.ingramcontent.com/pod-product-compliance
Lightning Source LLC
LaVergne TN
LVHW051355061026
849535LV00009B/3189